alcanza la victoria financiera

Libros de Tony Evans publicados por Portavoz:

Alcanza la victoria financiera
¡Basta ya de excusas!
Entre la espada y la pared
El matrimonio sí importa
Nunca es demasiado tarde
El poder de los nombres de Dios
Solo para esposas
Solo para esposos
Sexo... una relación diseñada por Dios
Tu destino
Victoria en la guerra espiritual

alcanza la victoria financiera

tony evans

EDITORIAL PORTAVOZ

La misión de *Editorial Portavoz* consiste en proporcionar productos de calidad —con integridad y excelencia—, desde una perspectiva bíblica y confiable, que animen a las personas a conocer y servir a Jesucristo.

Título del original: *Living in Financial Victory* © 2013 por Anthony T. Evans y publicado por Moody Publishers, 820 N. LaSalle Boulevard, Chicago, IL 60610. Traducido con permiso.

Edición en castellano: *Alcanza la victoria financiera* © 2015 por Editorial Portavoz, filial de Kregel Publications, Grand Rapids, Michigan 49505. Todos los derechos reservados.

Traducción: Rosa Pugliese

Las cursivas añadidas en las citas bíblicas son énfasis del autor.

EDITORIAL PORTAVOZ
2450 Oak Industrial Dr. NE
Grand Rapids, Michigan 49505 USA
Visítenos en: www.portavoz.com

ISBN 978-0-8254-1746-7 (rústica)
ISBN 978-0-8254-6400-3 (Kindle)
ISBN 978-0-8254-7937-3 (epub)

1 2 3 4 5 6 7 / 24 23 22 21 20 19 18 17 16 15

Impreso en los Estados Unidos de América
Printed in the United States of America

Contenido

1

LA MAYORDOMÍA

Mientras estudiaba en el Seminario Teológico de Dallas, mi esposa y yo solíamos cuidar la casa de personas de una zona exclusiva de Dallas. Estas casas eran excepcionales; un verdadero contraste con nuestro apartamento diminuto y austero.

Cada vez que nos encomendaban esta tarea, nuestra misión era cuidar la casa, encargarnos de la limpieza y mantener todo en funcionamiento. A cambio, vivíamos como reyes en otro reino por algunos días. Los dueños de la casa llenaban el refrigerador y nos pagaban por estar allí mientras ellos salían por viajes de negocios o vacaciones.

Generalmente, las familias nos decían que podíamos sentirnos como en casa. Sin embargo, aunque teníamos grandes oportunidades de disfrutar, también teníamos claras limitaciones sobre lo que podíamos disfrutar. Cada familia tenía reglas que quería que cumpliéramos mientras estaba ausente. Y nosotros aceptábamos seguir las reglas, porque no era nuestra casa. Sin embargo, a veces les decía a los muchachos del seminario: "Los invito a mi casa esta tarde. Tienen que venir a esta propiedad".

Como verás, quería aprovechar al máximo la

situación. Por unos breves momentos quería actuar como si fuera el dueño de la casa y hacer lo que quisiera. Pero mi esposa, prudentemente, siempre me recordaba:

—No debería venir gente a la casa, Tony.

—¿Por qué? —le preguntaba yo.

—Porque no es nuestra casa —me respondía.

Ella me estaba recordando que no éramos los dueños de la casa. Debíamos tener cuidado con lo que hacíamos, porque los dueños solo nos estaban permitiendo usar su propiedad. Mi esposa era sabia en señalar que éramos administradores de algo que les pertenecía a otros.

Amigo, esta es la idea. En esta vida, nada de lo que piensas que es tuyo realmente lo es. Todo aquello que dices que es "tuyo", en realidad, le pertenece a Dios. Satanás quiere hacerte pensar que puedes hacer lo que quieras con eso, independientemente de Dios. Pero no es así en absoluto.

En mi ejemplo de este principio, cada casa que cuidábamos mientras estudiábamos en el seminario pertenecía al reino de la familia propietaria. Como administradores temporales, solo éramos mayordomos. La casa pertenecía a otros. Por consiguiente, teníamos que funcionar de acuerdo a su agenda, no a la nuestra.

Nuestra tarea era simplemente administrar la propiedad de otra persona que nos había encomendado su cuidado. De manera similar, un elemento clave para llevar a cabo la agenda del reino de Dios es la administración de lo que Él nos ha dado. Esta es la definición bíblica de mayordomía. Para Dios, es una tarea de suma importancia. Por consiguiente, necesitamos comprender cómo ser buenos mayordomos o administradores de lo que se nos ha confiado.

Una buena mayordomía abre la puerta

Una definición más formal de *mayordomía* la describe como el proceso de *proteger y aumentar los bienes y recursos de otros*. Estoy aquí para decirte que, solo mediante el cumplimiento de los principios bíblicos de la mayordomía, tendrás una vida de victoria financiera. Si decides no reconocer a Dios como el dueño de tus finanzas, no podrás materializar las bendiciones financieras que Él ha asociado a sus preceptos. De hecho, no solo no podrás materializar las bendiciones, sino que además sufrirás pérdidas.

El pacto y la mayordomía

Se cuenta la historia de un hijo que quería darle a su padre un regalo de agradecimiento por el día del padre. El joven deseaba hacerle saber a su padre cuánto lo amaba y valoraba. Por tanto, el hijo fue y buscó el regalo más exótico que pudo encontrar: un perico hablador. Este perico hablaba cinco idiomas y podía pararse en una pata mientras cantaba "La rosa amarilla de Texas". Era un pájaro prodigioso.

Después del día del padre, el hijo llamó a su papá para preguntarle si le gustaba el regalo.

—¿Te gustó el perico, papá? —le preguntó el hijo al anciano.

—Estaba delicioso, gracias —le respondió su padre.

Obviamente, su padre no había comprendido de qué se trataba el regalo.

Muchos de los que hoy día formamos parte de los círculos cristianos no comprendemos que el dinero es un regalo de Dios. Aunque puede que reconozcamos que Él nos lo ha dado, no llegamos a comprender totalmente su propósito. Demasiadas veces lo gastamos o lo desperdiciamos, en vez de aprovechar al máximo sus beneficios.

La realidad es que Dios tiene un propósito para tus finanzas. En el libro de Deuteronomio, encontramos una excelente declaración resumida del propósito que Dios tiene para el dinero:

> Sino acuérdate de Jehová tu Dios, porque él te da el poder para hacer las riquezas, *a fin de confirmar su pacto* que juró a tus padres, como en este día (8:18).

Aquí vemos la razón principal que Dios tiene para darle poder a su pueblo para hacer las riquezas. Es para "confirmar su pacto" al pueblo de Dios. Ahora bien, ten en cuenta que esto no significa que todos serán ricos según el criterio del mundo. Dios no es una máquina expendedora cósmica. En los versículos anteriores en el capítulo 8, se define a la riqueza como tener suficiente para comer, un lugar para vivir, ovejas, vacas y suficiente para sentirse satisfecho.

Generalmente, cuando hablamos de "riquezas" en los Estados Unidos, nos referimos a los multimillonarios: aquellos que son más que millonarios. Sin embargo, cuando Dios habla de riquezas en las Escrituras, se está refiriendo a aquellos que tienen suficiente en todos los aspectos de la vida, además de su capacidad de disfrutarlo.

Entonces, ¿de qué pacto estamos hablando? El pacto es el programa del reino de Dios. A fin de comprender el pacto, primero debemos comprender el reino. En pocas palabras, el reino se refiere a *la operación y a la implementación teocrática del gobierno de Dios sobre cada parte de la creación*. Además el reino tiene una agenda, que es *la demostración visible del gobierno integral de Dios sobre cada área de la vida*.

Dentro de este esquema, el reino no es la alusión a un territorio, sino a un recurso divino. Indica la presencia y la intervención del cielo en la historia. Para los creyentes, la sumisión a la agenda del reino de Dios abre paso a la participación del cielo en nuestra vida sobre la tierra.

Hay cuatro aspectos de cada reino. Primero, un reino debe tener un rey o un gobernante. En el reino de los cielos, Dios es el Rey. Un reino también debe tener súbditos, aquellos que están sujetos al gobernante. Nosotros somos súbditos de Dios. Un reino también tiene leyes, que el gobernante supervisa. En el reino de Dios, las leyes son las verdades y los principios bíblicos.

Finalmente, un reino también tiene un dominio: un radio de acción sobre el cual el rey gobierna.

David nos dice en el libro de los Salmos: "De Jehová es la tierra y su plenitud; el mundo, y los que en él habitan" (Salmos 24:1). Todo el mundo constituye el reino de Dios.

Con Dios como el Gobernante, si queremos habitar en su reino y recibir las bendiciones y los beneficios de habitar en él, debemos seguir los preceptos y los mandatos bíblicos establecidos en las Escrituras. La Palabra de Dios nos ofrece una guía y todo el conocimiento que necesitamos para disfrutar del éxito en nuestra vida personal, incluso en nuestras finanzas.

Ahora bien, este es el principio del pacto: Dios extiende el programa de su reino en la historia a través de sus súbditos, el cuerpo de Cristo. Cuando Dios puede confiar en sus súbditos para actuar como buenos mayordomos al recibir sus bendiciones y providencias y usarlas para el avance de su reino, se motiva a darles más.

Desde Génesis hasta Apocalipsis encontramos este término y concepto llamado pacto. A fin de cuentas, el pacto de Dios tiene el propósito de bendecir a las personas del pacto para que puedan bendecir a otros. Por ejemplo, en el pacto de Dios con Abraham, Él le dijo: "Y haré de ti una nación grande, y te bendeciré, y engrandeceré tu nombre, y serás bendición" (Génesis 12:2).

Los principios de bendición del pacto continúan en el nuevo pacto que Dios también nos ha dado. Jesús, el autor y mediador del nuevo pacto, hace partícipe de esas bendiciones a su pueblo cuando este tiene comunión con Él en la Santa Cena (1 Corintios 10:16-17).

En vista del propósito de Dios de establecer su pacto contigo, examina tus pensamientos más íntimos. Si solo estás pensando en tu casa, tu trabajo, tu automóvil, tu ropa y tu dinero, no estás teniendo en cuenta el pacto. Estás limitando lo que Dios puede hacer y hará a través de ti para bendecirte, porque no estás pensando con una mentalidad de pacto. Estás pensando en *tu* reino y no en el reino de Dios.

La victoria por medio del pacto

Dios está interesado en el programa de edificación de su reino. Como sus mayordomos, Él quiere que alcancemos el más alto nivel de éxito en lo que respecta a hacer nuestra parte. Puesto que el pacto es la palabra impulsora dentro del reino de Dios, entender y vivir dentro del pacto es la clave para nuestra victoria espiritual y financiera. Profundizaremos un poco más en esto a través de esta analogía.

La providencia, las promesas y la voluntad de Dios derivan de su pacto.

Si eres ciudadano de los Estados Unidos de América, vives bajo un convenio llamado la Constitución. La Constitución es el documento rector, bajo el cual opera el "reino" de los Estados Unidos. Este documento insustituible delinea muchas leyes y regulaciones, incluso diversas libertades, para los ciudadanos que viven dentro de su esfera de influencia.

De hecho, puede que regularmente escuches que las personas dicen "yo conozco mis derechos", cuando sienten que han sido víctimas de un trato injusto. Están apelando a sus derechos constitucionales bajo el reino llamado Estados Unidos.

Además, si eres cristiano, también eres parte de otro reino. Eres una parte del reino de Dios, junto con los derechos de su pacto. Sin embargo, si no conoces tus derechos, no sabrás cómo ejercerlos. No sabrás cómo aprovechar al máximo los derechos y privilegios que se te han concedido como un ciudadano del reino de Dios.

En la Biblia, un pacto es un acuerdo similar a un contrato. Un contrato es un acuerdo oficialmente vinculante. Cuando las personas firman un contrato, se convierten en partes contractualmente obligadas por los términos del acuerdo. Sin embargo, un pacto va más allá de un contrato, porque también supone una relación. Aunque contiene un acuerdo legal y oficialmente vinculante, también contiene un aspecto relacional, que no se requiere en un contrato. Tal es el caso del matrimonio, que es el acuerdo de un pacto relacional establecido entre un hombre y una mujer.

La razón por la que necesitas entender tus derechos y privilegios del pacto es para saber cómo vivir una vida victoriosa con la autoridad del reino. La providencia, las promesas y la voluntad de Dios derivan de su pacto. Si no conoces el acuerdo en el que estás operando, no sabrás cómo beneficiarte de él. No sabrás cómo ejercer la autoridad legal que te pertenece, siempre y cuando funciones dentro de los términos del pacto.

Justo antes de darle los Diez Mandamientos a Israel, Dios le dijo al pueblo algo muy importante relacionado con su pacto:

> Ahora, pues, si diereis oído a mi voz, y guardareis mi pacto, vosotros seréis mi especial tesoro sobre todos los pueblos; porque mía es toda la tierra. Y vosotros me seréis un reino de sacerdotes, y gente santa. Estas son las palabras que dirás a los hijos de Israel (Éxodo 19:5-6).

Dios mandó a Moisés que dijera a los israelitas que si guardaban su pacto, Él haría de ellos la nación más bendecida de la tierra. Como resultado de su obediencia, los israelitas recibirían el derecho a ciertos privilegios, protección e incluso honor.

Lamentablemente, hoy en día muchos malinterpretan el concepto del pacto de Dios. De alguna manera, ignoramos el hecho de que Él quiere que usemos los recursos que recibimos y que seamos fructíferos y los multipliquemos para que otros puedan entrar al reino. Por consiguiente, no nos damos cuenta de que el pacto tiene que ver con el avance del reino de Dios.

Tú puedes ser cristiano durante todo el día y estar en el camino al cielo, pero sin experimentar los beneficios de estar bajo el pacto. La victoria financiera solo viene cuando te conformas a los preceptos establecidos por Dios en su Palabra. Vivir de acuerdo con el pacto es la clave para ser partícipes de los privilegios, la autoridad y la victoria del reino.

La prosperidad a la manera de Dios

No se puede experimentar la prosperidad del pacto sin demostrar primero un compromiso con el pacto. Podemos afirmar que las bendiciones de Dios siempre están vinculadas a guardar su pacto. Las Escrituras dicen qué podemos esperar cuando obedecemos este mandamiento: "Guardaréis, pues, las palabras de este pacto, y las pondréis por obra, *para que* prosperéis en todo lo que hiciereis" (Deuteronomio 29:9).

Se trata de una clara evidencia en la Palabra de Dios: tú prosperarás cuando guardes el pacto de Dios. Sin embargo, también debes saber que tu nivel de prosperidad en el nuevo pacto está directamente vinculado al nivel de tu crecimiento espiritual.

Permíteme explicarte. Uno de los mayores secretos que puedo revelarte acerca del pacto es que está destinado a producir un progreso en tu vida. Cuando operas de acuerdo con el pacto de Dios, recibes el caudal de poder, posición, providencia y autoridad de Dios.

Uno de los problemas que experimentamos financieramente en el cuerpo de Cristo es una falta lamentable de relación entre los aspectos espirituales del pacto y los aspectos materiales del mundo tangible en el que vivimos. Como creyente, nunca debes separar los propósitos del pacto de Dios —la parte espiritual de tu vida— de la parte material y física de tu vida.

En la teología bíblica, los dos aspectos siempre están relacionados. Cuando Juan escribió su tercera epístola, comenzó con lo siguiente: "Amado, yo deseo que tú seas prosperado en todas las cosas, y que tengas salud, así como prospera tu alma" (3 Juan 1:2). El apóstol no solo estaba orando por la prosperidad material de los creyentes, sino también por su prosperidad física y espiritual. Todas están interrelacionadas.

Cuando las personas viven sin tener en cuenta esa relación, a menudo terminan viviendo en condiciones insatisfactorias. Aquellos que hacen mucho dinero, pero ignoran el componente espiritual y el propósito de las riquezas, a menudo viven con el alma vacía y la vida arruinada. Solo usan su dinero en un intento de camuflar el vacío interior. Esto se conoce a veces como la teología de la prosperidad, que a menudo busca enfatizar lo material por sobre lo espiritual.

Del otro lado del espectro cristiano, están aquellos que viven con una mentalidad de pobreza. Con la excusa de ser espirituales, solo terminan siendo improductivos y no contribuyen a sus propias necesidades, como tampoco a las necesidades del cuerpo de Cristo ni al avance de su reino. Lo que estos individuos no entienden es que Dios no está en contra de la riqueza. Él está en contra del mal uso y la motivación equivocada por la riqueza.

Sin embargo, déjame enfatizar esta realidad también. Hay muchos incrédulos que están viviendo sin una relación con Dios, sin embargo, experimentan ganancias financieras. Solo que no experimentan las bendiciones de Dios en esas ganancias. De hecho, muchas personas que tienen mucho dinero son más desdichadas ahora, con una abundancia de riquezas, de lo que eran antes. La bendición no es simplemente el incremento. La bendición está en la capacidad de disfrutar y aumentar lo que has recibido (Proverbios 10:22; Hechos 20:35).

Otra característica importante acerca del pacto, que muchas personas no entienden, es que el pacto contiene una cobertura vital que Jesús estableció para nosotros cuando consumó su obra en la cruz (Mateo 26:28; 1 Corintios 11:3). Si estás operando bajo el pacto y conforme a los preceptos del pacto de Dios, estás operando bajo su cobertura. Esto es lo que te permite prosperar de la manera que Dios ha diseñado.

La cobertura que Dios ofrece es similar a un paraguas. Si estás afuera y empieza a llover, tú abres el paraguas. Si eres afortunado de tener un paraguas contigo, este no detiene la lluvia, pero impide que la lluvia caiga sobre ti. En otras palabras, cuando estás cubierto por un paraguas, las circunstancias a tu alrededor no cambian, pero cambia lo que te puede afectar de manera directa.

Lamentablemente, muchas personas están operando financieramente sin cobertura. Están sufriendo los efectos de estar endeudados sin poder disfrutar el dinero que tienen. La razón por la cual las finanzas de muchas personas están tan arruinadas es porque no están cubiertas y posicionadas bajo el pacto. No están totalmente satisfechas, por el solo hecho de no estar honrando el pacto de Dios. En consecuencia, cuando llegue la lluvia a sus vidas —y llegará—, estas personas desdichadas no tendrán cobertura.

Como cristianos, es imprescindible saber que el pacto existe y que está destinado a ofrecer un medio para que el pueblo de Dios prospere. Sin embargo, también debes ser consciente de que, cuando vives sin cobertura y fuera del pacto, experimentarás los efectos resultantes de operar lejos del Rey y de la cobertura de su reino.

El padecimiento financiero en nuestra vida personal y familiar, como iglesia y como nación, se debe simplemente a que no estamos operando de acuerdo con las reglas y los preceptos del pacto. Será necesario un reposicionamiento para que nuestra vida financiera se recupere y esté en orden. Así como debes estar bajo un paraguas para beneficiarte de él, asimismo debes estar bajo el pacto de Dios para que este te cubra y te prospere.

Pero siempre hay esperanza para aquellos que han estado operando fuera de la cobertura de Dios. Como hijos de Dios, podemos regocijarnos en la verdad de que podemos arrepentirnos y volver a Él. Puesto que Él nos asegura su cobertura, no tenemos que ser como los impíos, que prosperan fuera de la protección de Dios (Salmos 73:12). Las Escrituras nos advierten que estos individuos tienen un vacío en el alma. Estos desdichados se encuentran sobre terreno resbaladizo sin la capacidad de disfrutar totalmente la satisfacción continua de sus ganancias (v. 18).

Al final, debemos comprender que dar fruto financiero significa más que acumular dinero. Aquellos que prosperan a la manera de Dios pueden ayudar a otros y beneficiarse totalmente de lo que Dios les ha dado en abundancia.

LA PARÁBOLA DE LOS MAYORDOMOS

Jesús nos enseñó los preceptos elementales para vivir una vida de victoria financiera a través de parábolas similares, que están registradas en los libros de Mateo y Lucas (Mateo 25; Lucas 19). Una parábola es una historia que establece un principio, a fin de ayudar al oyente o al lector a entender mejor el principio. La historia le da vida y realidad al principio que Dios quiere que aprendas. Te ayuda a captar, sentir, comprender y, finalmente, vivir conforme a ese principio. Jesús enseñaba asiduamente los principios del reino por medio de parábolas.

Como hizo varias veces, Jesús empezaba sus parábolas sobre el reino con palabras tales como las que se encuentran en Mateo 25:1: "Entonces el reino de los cielos será semejante a...".

Con el uso de esta frase, observa que Jesús está comparando el reino de los cielos con cierto aspecto de nuestra vida terrenal. Demasiados cristianos están satisfechos con la parte del cristianismo que los lleva al cielo. Sin embargo, algunos ignoran la parte que trae un poco de cielo a la tierra. Para poder traer algo del cielo a la tierra, debemos hacer la voluntad de Dios. Su autoridad debe prevalecer, motivo por el cual Jesús se tomó el tiempo de plantear e ilustrar claramente la autoridad de Dios en varias áreas de nuestra vida.

La parábola que estamos por ver aborda el área de la mayordomía y se aplica directamente a nuestras finanzas. En Lucas 19:11-27, Jesús presenta las normas por las cuales nosotros, como mayordomos de Dios, debemos funcionar en su nombre como parte de su reino. Son las normas según las cuales se evaluará nuestra mayordomía. Vamos a analizar este importante pasaje.

A un mayordomo se le confían recursos para administrar

Jesús empieza esta parábola hablando de un hombre noble que se fue lejos:

> Dijo, pues: Un hombre noble se fue a un país lejano, para recibir un reino y volver. Y llamando a diez siervos suyos, les dio diez minas, y les dijo: Negociad entre tanto que vengo (Lucas 19:12-13).

Ahora bien, vamos a analizar detenidamente y considerar el significado de este pasaje. En la parábola, Cristo es el hombre noble que se fue lejos, para reclamar el reino que Él ganó con su victoria en el

Calvario. El "país lejano" es el cielo, del cual regresará un día para establecer su reino visible en el milenio. Pero, mientras tanto, el rey Jesús les ha dado a sus siervos algo para administrar, y nos ha encomendado que lo administremos bien hasta que Él vuelva.

LA ROPA QUE LLEVAS PUESTA TE ABRIGA, PORQUE DIOS HA PERMITIDO QUE SE FABRIQUE.

En esta parábola, encontramos el primer principio que nos revela el significado de la mayordomía: Dios es dueño de todo. El hombre noble les dio a sus siervos una porción del dinero de sus arcas. Los siervos no contribuyeron en nada. Aquí aprendemos que Dios creó todo, de modo que todo le pertenece a Él (Apocalipsis 4:11).

Aunque podría ser bastante fácil declarar este principio, vivir como si lo entendiéramos es mucho más complicado. La verdad es que es un hecho ineludible que Dios es dueño de todo. Él lo declaró en el libro de los Salmos:

> Porque mía es toda bestia del bosque...
> Y todo lo que se mueve en los campos me pertenece.
> Si yo tuviese hambre, no te lo diría a ti;
> porque mío es el mundo y su plenitud
> (Salmos 50:10-12).

Dios es el dueño de su reino en virtud de la creación. David dice en otra parte: "De Jehová es la tierra y su plenitud; el mundo, y los que en él habitan" (Salmos 24:1). Amigo, Dios es dueño de todo, incluso de ti. La pregunta es bastante directa: "¿O ignoráis que vuestro cuerpo es templo del Espíritu Santo, el cual está en vosotros, el cual tenéis de Dios, y que no sois vuestros?" (1 Corintios 6:19).

Permíteme explicártelo de esta manera. Puesto que Dios es dueño de todo, aquellas cosas que afirmamos poseer son solo nuestras relativamente, no de manera absoluta. El dinero que tienes en este momento fue impreso en papel extraído de la celulosa de árboles, que crecieron en la propiedad de Dios. El automóvil que conduces fue hecho con el metal, cuyos elementos se extrajeron de la tierra de Dios. La ropa que llevas puesta te abriga, porque Dios ha permitido que se fabrique.

Recuerdo enseñarle a mi hijo mayor, Anthony, sobre el diezmo. Un día, le dije:

—Anthony, de todo lo que recibes, el primer diez por ciento es para Dios. Y eso es solo el mínimo.

Después le di cinco dólares para sus gastos. Y ya sabía la pregunta que vendría.

—Papá, ¿esa regla no aplica al dinero para mis gastos, verdad?

Le dije que sí.

—¿Entonces quieres que saque cincuenta centavos de mis cinco dólares y se los dé al Señor?

Me daba cuenta de que no estaba comprendiendo la idea, así que procedí a explicarle.

—Anthony, esto es así. ¿Cómo obtuviste los cinco dólares?

—Tú me los diste.

—Bien. ¿Y cómo obtuve yo los cinco dólares?

—Bueno, los recibiste de tu salario como pastor de la iglesia.

—Bien, otra vez —le contesté y seguí con mi explicación—. Los cinco dólares para tus gastos salieron de mi salario en la iglesia, que son el producto de las ofrendas de la congregación. Ahora bien, ¿cómo obtuvo la congregación el dinero para dar, para que yo pudiera cobrar mi salario y pudiera darte tus cinco dólares? Lo sacaron del salario, que cobran en sus lugares de trabajo.

Después de esta introducción, le pregunté:

—Ahora bien, Anthony, si las personas reciben el dinero de sus lugares de trabajo para diezmar, a fin de que yo pueda cobrar mi salario y pueda darte tus cinco dólares, ¿qué cosas necesitan para trabajar?

En ese momento, repasamos toda la lista: un automóvil, ropa, un lugar para vivir, alimentos que los sustente, incluso el aire que todos respiramos. Después le atribuimos su origen a Dios.

—Entonces —le dije—, puesto que no hay nada que no venga de Dios, darle el diez por ciento no es gran cosa.

Después le pregunté:

—Anthony, ¿tienes algún problema con darle a Dios cincuenta centavos?

—No, papa. Creo que le daré un dólar —dijo.

Creo que recibió el mensaje. Lo que quiero

explicarte es que, cuanto más veas la mano de Dios en todas las cosas, menos problema tendrás en aceptar que Él es dueño de todo y en honrar su titularidad. Este es el primer paso hacia la victoria financiera.

Job 1:21 reconoce que llegamos a este mundo desnudos. La única razón por la que no nos iremos desnudos de este mundo es porque alguien nos vestirá esa última vez. La muerte es el máximo recordatorio de que nada nos pertenece. Por eso Santiago advierte a los hombres de negocios de que no se gloríen y digan cosas como: "Hoy voy a ir allí para hacer negocios y ganar dinero, y mañana voy a ir allá para hacer negocios y ganar dinero" (4:13-15, paráfrasis mía). Si nos fijamos en sus palabras, nos damos cuenta de que son un firme recordatorio de un hecho muy crítico. Es decir, que no sabemos ni si estaremos aquí mañana. Nuestra vida está totalmente en las manos de Dios.

Dios no comparte su titularidad

Este es el corolario del punto uno (Dios es dueño de todo): Dios no comparte su titularidad con nadie.

Hace mucho tiempo, hubo alguien que trató de compartir la titularidad con Dios. Su nombre era Lucifer, el mayor de los ángeles. Lucifer quería convertir el cielo es una sociedad conjunta, con el deseo de compartir el trono en partes iguales con Dios. Pero Lucifer fue expulsado del cielo, porque Dios no comparte su titularidad con nadie.

Trágicamente, cualquier intento que tú o yo hagamos por compartir la titularidad con Dios nos pone del lado de Satanás. Significa que estamos operando con la misma actitud de orgullo.

Volveremos a Lucas 19 un poco más adelante, pero ahora quiero mostrarte una importante advertencia del libro de Deuteronomio. Cuando Israel estaba por entrar a la tierra prometida de Canaán, Moisés advirtió a su pueblo:

> Cuídate de no olvidarte de Jehová tu Dios, para cumplir sus mandamientos, sus decretos y sus estatutos que yo te ordeno hoy; no suceda que comas y te sacies, y edifiques buenas casas en que habites, y tus vacas y tus ovejas se aumenten, y la plata y el oro se te multipliquen, y todo lo que tuvieres se aumente; y se enorgullezca tu corazón, y te olvides de Jehová tu Dios, que te sacó de tierra de Egipto, de casa de servidumbre... y digas en tu corazón: Mi poder y la fuerza de mi mano me han traído esta riqueza. Sino acuérdate de Jehová tu Dios, *porque él te da el poder para hacer las riquezas,* a fin de confirmar su pacto que juró a tus padres, como en este día (Deuteronomio 8:11-14, 17-18).

Qué recordatorio tan poderoso de la misma esencia de lo que significa ser mayordomo. Las cosas que poseemos, en realidad, son un préstamo del Señor. Es Dios quien nos da el poder de aumentar nuestras finanzas. Este es el segundo principio que necesitamos entender acerca de la mayordomía como el camino hacia la victoria financiera. Puede que el mayordomo no sea dueño de aquello que recibió, pero es responsable de administrarlo.

¿Eres dueño de tu casa? ¿O conoces a alguien que es dueño de su casa? A menudo todos afirman ser dueños de su casa, cuando en realidad son simplemente mayordomos de lo que le pertenece al banco. Si todavía no terminaste de pagar la casa que dices poseer, el banco es el verdadero dueño de esa casa. Si no me crees, solo deja de hacer el pago del próximo par de meses y descubrirás que tengo razón. Básicamente, tú eres un mayordomo de lo que le pertenece a otro, y tú has recibido la responsabilidad de cuidar de ello.

Esto es similar a lo que Dios hizo con Adán y Eva en el huerto. Él los colocó en el huerto y les dio lo que se conoce como el *pacto del dominio*. Dios dijo: "Señoree..." (Génesis 1:26). Dios seguía siendo el dueño. Adán y Eva fueron posicionados simplemente como los mayordomos. Ellos no recibieron el mandato de dominar en reemplazo de Dios; más bien, debían administrar lo que Dios les había dado en su nombre.

Una de las razones por las que Dios instituyó el diezmo era para que sirviera como recordatorio a sus hijos de que no son dueños de lo que Él les ha dado. De hecho, por medio de los diezmos y las ofrendas, tú reconoces que Dios es el dueño de lo que Él te ha dado. Devolverle a Dios es un acto físico, que demuestra una realidad espiritual: Dios es el dueño y tú eres el mayordomo.

Continuando con la parábola de Lucas 19, el dueño le dio a cada uno de sus diez siervos una mina con la cual negociar. Una "mina" era una cantidad de dinero que equivalía aproximadamente al salario de tres a cuatro meses de un obrero común de aquella época. Se trataba de una cantidad bastante considerable, de modo que estos siervos, en particular, tenían algo sustancial con lo cual negociar.

Por favor, observa que cada siervo recibió la misma cantidad. ¿Por qué es importante que hayan recibido la misma cantidad? Porque esta parábola representa algo que todos nosotros tenemos en igual medida. Es lo que yo llamo nuestro "potencial de vida".

El potencial de nuestra vida puede dividirse en tres categorías: tiempo, talento y tesoro. Ahora bien, puede que digas: "Espera un momento, Tony. Puedo ver que todos somos iguales en cuanto al tiempo, porque todos tenemos las mismas 24 horas al día. Pero ¿acaso no somos todos diferentes en cuando a nuestros talentos y nuestro tesoro?".

Es verdad que las personas difieren en sus capacidades y recursos. Pero eso no es lo que Jesús quiere decir aquí. Él se refería a la igualdad de situación. Cada siervo tenía la misma cantidad de dinero, y cada uno tenía iguales oportunidades de hacer algo bueno con esa cantidad. Dios nos ha dado a cada uno un potencial en la vida.

La orden del hombre noble a sus siervos: "Negociad entre tanto que vengo" (v. 13), es la clave de la responsabilidad de un mayordomo.

El problema no es si tú aceptarás tu mayordomía, sino ¿qué harás con ella? La pregunta es: ¿qué clase de negocios harás con la propiedad del Señor?

La palabra griega para negocios usada aquí es la palabra de la cual obtenemos la palabra en español *pragmático*. No hay nada más pragmático o práctico en la vida que ser un mayordomo del reino. Hacer negocios para el Rey y su reino es usar al máximo el potencial de vida que Él nos ha dado.

Dios te evaluará en función de lo que Él te ha dado a ti. No será en comparación con el Sr. López, que vive enfrente de tu casa.

Ahora déjame señalarte algo que te animará a ser un buen mayordomo. Jesús contó esta misma historia, básicamente, de otra forma en Mateo 25. En la parábola de los talentos, los tres siervos recibieron tres cantidades distintas de talentos "a cada uno conforme a su capacidad" (Mateo 25:15). Un talento era una gran suma de dinero.

Puesto que las personas reciben diferentes recursos con base en su capacidad, en cierto sentido, no todos tenemos la misma cantidad de tiempo. Es decir, que algunos solo vivirán cuarenta años mientras que otros llegarán hasta los ochenta. No todos tenemos la misma cantidad de dinero con la cual negociar. Y tampoco tenemos los mismos talentos y las mismas capacidades en la misma área.

En resumen, la clave del pasaje de Lucas es lo que

podríamos llamar "igualdad de oportunidades". La clave en Mateo es esta: cuando el Rey vuelva, solo evaluará a sus siervos según lo que les dio como individuos.

Por consiguiente, no importa cuánto podrías tener en términos de recursos y capacidades. No importa cuánto vivas. La realidad es que Jesucristo no te comparará con nadie. Solo serás evaluado en función de lo que Él te ha dado.

Por eso, estamos equivocados cuando queremos lo que otro tiene. Dios no va a evaluarte en comparación con el Sr. López, que vive enfrente de tu casa. De modo que si insistes todo el tiempo en tratar de ser como todos los López y nunca te preocupas por cumplir con la responsabilidad de tu propia mayordomía, estarás con las manos vacías cuando el Dueño regrese. Cuando Jesús vuelva, Él no te va a preguntar por lo que le dio a tu vecino. Él solo va a preguntarte por lo que te ha dado a ti.

INVIERTE LO QUE DIOS TE HA DADO

¿Qué clase de negocio quiere Cristo que realicemos con los recursos que Él nos ha confiado?

En una palabra, necesitamos invertir, no solo gastar. Demasiados de nosotros hemos acumulado deudas que nos agobian. Gastamos, gastamos y gastamos. Por lo tanto, debemos, debemos y debemos. Sin embargo, Dios quiere que invirtamos lo que se nos ha dado para el avance de su reino.

No obstante, ten presente que, en tus esfuerzos por invertir sabiamente como un mayordomo de los recursos de Dios, debes estar contento sin estar pasivo. Dios te ha llamado a vivir una vida de contentamiento. Es decir, debes sentirte a gusto con tu situación, aunque, a la vez, debes trabajar con diligencia y confianza de que Dios te permitirá aprovechar al máximo tu potencial (Proverbios 30:8; Filipenses 4:11-12).

En la práctica, esto es lo que hacemos en nuestra vida física. Obtenemos una educación, asistimos a seminarios o nos capacitamos para ser expertos en cierto oficio u ocupación. Consumimos una enorme cantidad de energía para alcanzar el éxito para nosotros mismos en este mundo.

Sin embargo, si analizáramos detenidamente cuánto tiempo, energía e inversiones financieras hacemos para el avance del reino de Dios, nos daríamos cuenta de que nuestros esfuerzos son escasos. Demasiadas veces, estamos concentrados en nuestro propio reino: nuestra cuenta bancaria, nuestra casa, nuestro automóvil y nuestra ropa. Todo tiene que ver con el avance de nosotros mismos, y no con el de Dios.

Si tienes hijos, es muy probable que prefieran gastar dinero en vez de invertirlo. No tenemos que enseñar a nuestros hijos el arte de gastar. Tenemos que enseñarles a ahorrar. ¿Sabes por qué los niños gastan todo el tiempo? En pocas palabras, porque tienen una perspectiva equivocada del futuro. Los niños gastan, porque lo único que pueden ver es el día de hoy. Por lo general, si tienen la oportunidad de tener lo que quieren, la mayoría de los adolescentes lo comprará sin preocuparse de si la próxima semana se quedan sin un centavo. A menos que se les enseñe lo contrario, no toman en serio la necesidad de invertir, porque no toman en serio el futuro.

Déjame decirte que por eso la vida de muchos creyentes está arruinada. No creen en serio que el Dueño va a regresar y les preguntará lo que hicieron con los recursos que Él les ha confiado como sus mayordomos.

Ahora bien, muchos de nosotros nos preparamos para el futuro en otras áreas. Tenemos pólizas de seguros para cubrir todas nuestras posesiones ante la posibilidad de futuras eventualidades. En otras palabras, hacemos para nosotros lo que no hacemos para Dios. Cuando adquirimos un seguro estamos planificando para lo que *podría suceder*. Pero no planificamos para lo que *sucederá*: el regreso de Jesucristo y la evaluación de nuestra mayordomía. En vista del suceso más importante, Dios quiere que invirtamos sabiamente nuestro potencial de vida y los recursos que Él nos ha dado.

Cuando tú consultas a un asesor financiero, él te hablará sobre lo que tú quieres que suceda de aquí a veinte, treinta o incluso cuarenta años. Su trabajo es aconsejarte para que ahorres en el presente, de tal modo que tengas algo para vivir en el futuro cuando ya no puedas trabajar. Él te obligará a enfocarte en el futuro.

Lo mismo sucede con los principios bíblicos de la mayordomía. Estos principios también existen para prepararte para el retiro. Como verás, tu retiro final será en el cielo, y durará mucho más que tu retiro en la tierra. Por consiguiente, lo que hagas mientras estés aquí, en la tierra, jugará un papel fundamental en lo que disfrutes y hagas en el cielo.

Cuando inviertes en el avance del reino en la tierra, estás ahorrando algo que tiene valor eterno para tu propio futuro. Estás pensando con una mentalidad enfocada en el futuro. Según Mateo 6:20, estás acumulando para ti "tesoros en el cielo, donde ni la polilla ni el orín corrompen, y donde ladrones no minan ni hurtan".

En definitiva, lo que tú haces en este momento de la historia para el avance del reino de Dios será cargado a la cuenta de tus años de retiro en la presencia de Dios. El problema con muchos cristianos de hoy es que piensan tanto en lo terrenal que pierden de vista lo celestial. Esta mentalidad es contraproducente tanto para el cielo como para el avance de la agenda del cielo aquí en la tierra. Se han olvidado de que "nuestra ciudadanía está en los cielos" (Filipenses 3:20). Allí residiremos por la eternidad.

Para resumir, un día Jesucristo nos va a mirar a ti y a mí, y dirá: "Veamos si la agenda de mi reino se ha beneficiado con lo que tú hiciste con aquello que te di". Y lo hará, porque un mayordomo es responsable de administrar los recursos del Rey. Y cuando el Rey regrese, el mayordomo tendrá que dar cuentas de esa responsabilidad.

La evaluación del mayordomo

Todos experimentan algún tipo de revisión anual en el trabajo. ¿Por qué las compañías se toman el tiempo de realizar esta clase de evaluación? Porque el jefe quiere saber cuán bien se han desempeñado sus empleados. Durante ocho horas al día, cuarenta horas a la semana, esos empleados deben rendir cuenta de su tiempo al jefe. Son mayordomos de él. Responden a su agenda, aceptan su dinero para producir trabajo. Una revisión de su desempeño hará que el jefe tenga la oportunidad de saber cuán productivos han sido para la compañía.

Vendrá también un tiempo de evaluación para los mayordomos de Jesucristo. Tomemos su parábola de Lucas 19:15: "Aconteció que vuelto él [el hombre noble], después de recibir el reino, mandó llamar ante él a aquellos siervos a los cuales había dado el dinero, para saber lo que había negociado cada uno".

El regreso del hombre noble es una referencia a la venida de Cristo, cuando llame a su pueblo a dar cuentas de su mayordomía. Entonces, la pregunta será: "¿Cómo se benefició mi compañía, mi Reino, de aquello que te di?".

Ahora bien, muchos podremos mostrar cómo nos hemos beneficiado con dones de Dios. Pero esa no es la pregunta. La cuestión con la mayordomía es: ¿Qué ganancia obtuvo el negocio del Rey bajo tu administración? ¿Salió beneficiado el Rey? ¿Se llevó adelante su agenda?

La Biblia denomina a este día de evaluación para los mayordomos del reino como "el tribunal de Cristo", descrito en dos pasajes clave.

El primero de estos importantes pasajes se encuentra en 1 Corintios 3. Lo quiero citar completo, porque es muy importante:

> Conforme a la gracia de Dios que me ha sido dada, yo como perito arquitecto puse el fundamento, y otro edifica encima; pero cada uno mire cómo sobreedifica. Porque nadie puede poner otro fundamento que el que está puesto, el cual es Jesucristo. Y si sobre este fundamento alguno edificare oro, plata, piedras preciosas, madera, heno, hojarasca, la obra de cada uno se hará manifiesta; porque el día la declarará, pues por el fuego será revelada; y la obra de cada uno cuál sea, el fuego la probará. Si permaneciere la obra de alguno que sobreedificó, recibirá recompensa. Si la obra de alguno se quemare, él sufrirá pérdida, si bien él mismo será salvo, aunque así como por fuego (vv. 10-15).

Este pasaje dice claramente que debemos tener cuidado con la clase de edificio que construimos sobre el fundamento que Dios nos da. En efecto, Pablo está explicando el resultado de nuestra mayordomía. Es una sensata advertencia a estar atentos a nuestra manera de administrar el dinero que Dios nos da. La razón es que un día nuestra mayordomía será puesta a prueba, y tendrá que resistir el fuego del tribunal de Cristo cuando llegue "ese día".

La referencia de Pablo es al día que Cristo juzgue a sus hijos, no para salvación, sino para recompensas con base en su trabajo como mayordomos. Ese día en particular se describe en 2 Corintios 5:10-11a: "Porque es necesario que todos nosotros comparezcamos ante el tribunal de Cristo, para que cada uno reciba según lo que haya hecho mientras estaba en el cuerpo, sea bueno o sea malo. Conociendo, pues, el temor del Señor, persuadimos a los hombres; pero a Dios le es manifiesto lo que somos; y espero que también lo sea a vuestras conciencias".

Pablo dijo que se acerca un juicio ardiente. En el día de la evaluación, el fuego de Jesucristo "pondrá a prueba la calidad del trabajo de cada uno" (1 Corintios 3:13 NVI). Hebreos 10:30 también confirma que Dios juzgará a su pueblo.

Cuando Jesús regrese, vendrá para ajustar cuentas con los moradores de la tierra. Él querrá saber qué hiciste con lo que te dio y cómo fue de beneficio para Él y su reino. No hablará ni se fijará en lo que te benefició a ti. Le interesará saber cómo hiciste avanzar el reino de los cielos en la historia.

Cuando pierdes de vista el regreso del Maestro y que un día tendrás que explicarle cómo invertiste los recursos puestos a tu disposición, pierdes de vista justamente todo aquello que tiene verdadero significado.

El año pasado, mi esposa y yo pudimos tomarnos unos días de descanso del ministerio y viajamos a Corinto. Fue muy emocionante ver las excavaciones de una ciudad histórica que existió hace tanto tiempo.

En las excavaciones, encontramos lo que se conoce como el estrado Bema. Este es el estrado del tribunal al que Pablo hace referencia en su mensaje a los corintios. En la cultura corintia, el estrado Bema era el lugar donde los jueces comparecían para fallar en los juicios o para juzgar las competencias atléticas. Era el lugar donde los ganadores recibían honores y reconocimiento, mientras que los perdedores presenciaban la adulación que recibían aquellos que habían ganado.

Cuando Jesucristo regrese para reunirse con su novia, la Iglesia, cada uno de nosotros tendrá que comparecer ante el estrado. Allí seremos juzgados con base en lo que hicimos por Él y por su reino. No se trata del lugar donde se concederá o se decidirá nuestra salvación. Aquellos que comparezcan ante el estrado ya han sido salvos. Por lo tanto, ese es el lugar donde o recibiremos una recompensa por lo que hicimos para la eternidad o bien sufriremos las pérdidas de una mala administración.

Como verás, en su tribunal Jesucristo evaluará cuán bien hemos invertido nuestros recursos para Él y para su gloria, y examinará la calidad de nuestra obra.

Muchos tienen un rendimiento de alta calidad para sus jefes laborales. No llegan tarde ni realizan un trabajo mediocre. ¿Por qué? Porque su sueldo depende del jefe. Tienen temor de no recibir un aumento o una promoción.

Si la gente hace eso por un jefe terrenal ¿qué deberíamos hacer por Jesucristo? Permíteme preguntarte: ¿Estás teniendo un rendimiento de alta calidad para el reino de Dios con los recursos y las bendiciones que Él te ha dado? ¿O Dios está recibiendo las sobras?

Muchos cristianos le dan "propinas" a Dios. Por

la manera en que viven y usan sus finanzas, dicen: "Dios, todo el dinero que me sobre es para ti. Después de gastar mi dinero en lo que quiero, te daré algo. Después de haber usado mis recursos para edificar mi negocio, recibirás algo durante mis años de retiro".

Sería aconsejable que cualquiera que tenga esa actitud volviera a leer 2 Corintios 5:11. Pablo se refiere al tribunal de Cristo como algo que debería causarnos temor o un profundo respeto. Este será un juicio serio.

La razón es que, cuando se trata de algo costoso, quieres que se hagan las cosas bien. Cuando se hacen las cosas de forma improvisada, se demuestra una falta de interés. Por ejemplo, si estás edificando una casa costosa y los ladrillos no están parejos, seguramente insistirás en que se corrijan. O, si alguien está a punto de golpear la puerta de tu automóvil de lujo, no tardarás en perder los estribos. Tú ni siquiera estacionas cerca de otros autos para evitar que la puerta de otro auto lo golpee. El concepto es que cuanto más costoso es algo, más en serio te lo tomas.

Dios pagó un alto precio por ti y por mí. Le costamos la preciosa vida de su Hijo. Aún más, Dios nos ha dado el privilegio inestimable de gobernar con Él.

¿Cuál será nuestra respuesta? ¿Acaso haremos un trabajo mediocre para Dios, es decir, le daremos las sobras de nuestros recursos?

¿Gastaremos miles de dólares en nuestras casas, nuestros automóviles, nuestra ropa y luego le daremos una pequeña propina a Dios?

No, Dios dice que todo esto le costó demasiado para permitirnos zafar con una administración mediocre. Seremos evaluados.

La Biblia nos enseña esta importante lección. De todo aquello que recibas, asegúrate de darle primero su parte a Dios. Asegúrate de honrar a Jesucristo para que, según Colosenses 1:18, "en todo tenga la preeminencia".

La mayordomía no tiene que ver con la perfección, sino con un patrón. ¿Qué lugar ocupa Dios en el patrón que usas con tu dinero? ¿Está en primer, segundo, tercero o en un distante octavo lugar? ¿O ni siquiera lo tomas en cuenta? Dios quiere que tu patrón sea el de usar sus recursos para promover el reino de los cielos en la tierra. Cuando lo pongas primero, ten por seguro, que recibirás las recompensas de su favor.

2

Las recompensas

Una vez que entendemos qué es la mayordomía, cuáles son nuestras responsabilidades y el hecho de que seremos puestos a prueba, estamos en condiciones de hablar de las recompensas de la mayordomía.

No es necesario que evites la palabra *recompensa*. A veces, los cristianos consideran que buscar una recompensa no es algo muy honorable. Aunque es cierto que no es tan honorable si esa es tu única razón de servir a Dios, no deja de ser honorable si es tan solo *una* de las razones.

Primero y principalmente, Dios quiere que seas un buen mayordomo y administres lo que Él te ha dado por amor a Él. Pero también ha prometido darte una recompensa cuando tú lo honras. Déjame recordarte lo que Pablo escribió con respecto a las recompensas. En su primera carta a la iglesia de Corinto, dijo:

> Y si sobre este fundamento alguno edificare oro, plata, piedras preciosas, madera, heno, hojarasca, la obra de cada uno se hará manifiesta; porque el día la declarará, pues por el fuego será reve-

> lada; y la obra de cada uno cuál sea, el fuego la probará. Si permaneciere la obra de alguno que sobreedificó, recibirá recompensa. Si la obra de alguno se quemare, él sufrirá pérdida, si bien él mismo será salvo, aunque así como por fuego (1 Corintios 3:12-15).

Las recompensas son parte tan integral de nuestra vida cristiana, que el mismo Jesús termina el último capítulo de la Biblia, el último pasaje de revelación inspirada, con un claro anuncio concerniente a ellas. Dice: "He aquí yo vengo pronto, y mi galardón conmigo, para recompensar a cada uno según sea su obra" (Apocalipsis 22:12). Por consiguiente, si el concepto de las recompensas en la vida del creyente no es espiritual, Jesús no es espiritual, porque Él dice claramente que regresará para dar a cada uno su recompensa.

CUANDO TE SACRIFICAS POR EL SEÑOR Y DAS PARA SU REINO, ÉL NO LO OLVIDA.

Existen recompensas eternas que recibirás por tu mayordomía bíblica, pero también hay recompensas temporales que harán la vida más agradable aquí en la tierra. Una de ellas es la capacidad de evitar la esclavitud de las deudas. Cuando vives conforme a los principios de Dios sobre el dinero, cuando te consagras a Dios y sacrificas algo por Él, Él te paga hasta el último centavo. Dios no solo recompensará en la eternidad a aquellos que dan para Él; estos dadores fieles también recibirán recompensas en esta vida. Jesús lo expresó así:

> De cierto os digo que no hay ninguno que haya dejado casa, o hermanos, o hermanas, o padre, o madre, o mujer, o hijos, o tierras, por causa de mí y del evangelio, que no reciba cien veces más *ahora en este tiempo*; casas, hermanos, hermanas, madres, hijos, y tierras, con persecuciones; y en el siglo venidero la vida eterna (Marcos 10:29-30).

Cuando te sacrificas por el Señor y das para su reino, Él no lo olvida. Tanto en esta vida como en la vida eterna recibirás tu recompensa. Amigo, nunca podrás dar más que Dios. Te reto a hacer la prueba. Es imposible. Su Palabra es clara: todo lo que le des a Dios, Él te lo devolverá y aún más.

El mayordomo fiel

Para ver qué dicen las Escrituras con respecto a las recompensas de la mayordomía, necesitamos regresar a la parábola de Lucas 19. El hombre noble ha regresado de su viaje y está listo para llamar a sus siervos a rendir cuentas de cómo han usado sus minas.

El primer siervo vino y dijo: "Señor, tu mina ha ganado diez minas" (v. 16). ¡Eso es un incremento del 1000%! Este hombre obviamente invirtió bien el dinero de su amo. Y pudo darle parte y decir: "Señor, yo tomé lo que me diste y lo invertí. Mira lo que tengo para ti".

¿Qué le dice el Señor, que es Dios, a este hombre, después de ser tan diligente en usar para el reino lo que le había dado? Este siervo recibió una triple recompensa. La primera recompensa es el reconocimiento público; el anuncio público del amo que le dijo "buen siervo" (v. 17). Cuando comparezcamos ante su tribunal, no habrá nada como escuchar a Jesús decirnos: "Buen siervo". Y lo dirá en presencia de todos.

Amigo, puede que en este momento estés escondido en tu trabajo o en tu casa; pero si eres fiel y constante en hacer lo que Dios te ha llamado a hacer, serás honrado delante de todo el cielo el día del juicio.

Estuve hablando con un familiar cercano, que ha hecho el tremendo sacrificio personal de un servicio incondicional a Dios. Le pregunté por qué le había entregado tanto de su vida y sus recursos a Dios. Su respuesta fue simple: "Por el día del juicio". Inmediatamente, supe lo que quiso decir. Pero siguió diciendo: "Yo hago todo pensando en el día cuando me presente delante de Jesucristo. Quiero escuchar que me diga: 'Buen siervo'".

La segunda recompensa que el siervo fiel recibió fue una herencia en el reino. El amo le dijo: "por cuanto en lo poco has sido fiel, tendrás autoridad sobre diez ciudades" (v. 17).

Muchas personas tienen una perspectiva equivocada del reino. En la eternidad, no estaremos flotando de un lado al otro sobre las nubes, cantando himnos y tocando el arpa. Además de participar de la adoración a Dios en el cielo, tendremos que hacer algo importante aquí en la tierra. La Biblia nos dice en Apocalipsis 21:1 que Dios va a hacer un cielo nuevo y una tierra nueva. Habrá naciones que operarán y nosotros desempeñaremos diferentes funciones. Habrá tareas de responsabilidad, esferas de supervisión, metas que cumplir, trabajos que realizar (Apocalipsis 2:26-28; 20:4-6). El reino será la plena manifestación del gobierno de Dios y funcionará en perfecta justicia.

Así como los buenos trabajadores obtienen promociones en el trabajo, del mismo modo los mayordomos fieles de Cristo obtienen promociones en el reino. Acabamos de leer un pasaje bíblico que nos dice que algunos incluso administrarán diez ciudades.

Finalmente, este mayordomo fiel obtuvo una tercera recompensa. Se trata de una sorpresa, una bonificación. Lo encontrarás en el versículo 24. Recibió la mina que el amo, originalmente, le había dado al tercer esclavo. Cuando Jesucristo vuelva, va a mirar a aquellos que no fueron fieles y les quitará lo poco que tengan.

Puede que pienses que no es justo. Pero necesitamos recordar una cosa. Cristo no permitirá que los recursos de su reino sean malgastados. Aquellos que no aprovechan la oportunidad de participar en el servicio de su reino, desdichadamente, la perderán, y Cristo se la dará a otros.

EL MAYORDOMO MENOS PRODUCTIVO Y EL INÚTIL

El segundo siervo también tuvo un buen reporte, aunque no fue tan productivo como el primero. Este siervo dijo: "Señor, tu mina ha producido cinco minas" (v. 18). Entonces, el amo le dijo: "Tú también sé sobre cinco ciudades" (v. 19).

¿Notaste que este siervo no tuvo ningún reconocimiento público? Solo recibió sus cinco ciudades, pero no escuchó las palabras: "Buen siervo". Creo que la razón es que solo fue la mitad de fiel de lo que podría haber sido.

Permíteme explicarlo. Pienso que este siervo posiblemente representa a aquel que es salvo a los veinte años de edad, pero no busca al Señor hasta que llega a los cuarenta años. Finalmente, vive hasta los sesenta. En total, tuvo veinte años "perdidos", en lo que respecta a la recompensa del reino, y veinte años productivos.

¿Acaso esta persona debería decir a los cuarenta años: "Ya perdí veinte años; ya es demasiado tarde?". No, es mejor que empiece a los cuarenta y sirva fielmente a Cristo hasta los sesenta. El concepto es que sea cual sea la circunstancia, siempre esfuérzate por dar lo mejor para el reino de Dios. Al final, recibirás la recompensa que te has ganado. Procura recibir tus cinco ciudades o cualquier recompensa que te corresponda.

Luego, hubo un tercer siervo que trajo su mina y dijo: "Señor, aquí está tu mina, la cual he tenido guardada en un pañuelo; porque tuve miedo de ti, por cuanto eres hombre severo, que tomas lo que no pusiste, y siegas lo que no sembraste" (vv. 20-21).

Todo lo que este hombre dio fue una pobre excusa. En otras palabras, dijo: "Señor, solo quería que supieras que no perdí tu dinero. Lo puse bajo mi colchón para que estuviera seguro. Preferí guardar los recursos que me diste, porque tú eres un amo severo".

Durante el tiempo en el que el amo estuvo de viaje, este hombre no quiso arriesgarse demasiado. Este fue su razonamiento: "No me voy a jugar el pellejo sirviendo a mi amo. Él hará un largo viaje. Es posible que ni siquiera regrese y que incluso se olvide de mí. Mientras tanto, tengo mi propio negocio que atender. Tengo que edificar mi propia casa, hacer dinero y usar mis talentos. Pero, por si vuelve, me aseguraré de no perder lo que me dio. Iré a lo seguro y esconderé su mina. Y si no vuelve, será para mí, ya que no habrá registro de ella en ninguna cuenta bancaria".

¡Qué declaración tan triste! Recuerdas la película *Lilies of the Field* [conocida en español como "Una voz en las sombras"] con Sidney Poitier? En esta historia, su personaje estaba edificando una iglesia para las monjas del pequeño pueblo. Cuando le pidió ayuda a un hombre de negocios, este le dijo: "No soy muy propenso a la religión. No creo ser el hombre que usted necesita". Pero cuando empezaron con la construcción, ese mismo hombre fue con un martillo y clavos y se subió al andamio para ayudar a edificar la iglesia.

Sidney Poitier le preguntó por qué estaba ayudando en la construcción, si no era un hombre religioso. El hombre dijo: "Por si lo que creen estas monjas es cierto, quiero hacer algo".

En la parábola, eso es lo que estaba diciendo el tercer siervo: "No me voy a fanatizar mucho con este asunto del servicio. Pero, por si mi amo regresa, quiero tener algo para mostrarle. Quiero asegurarme algo".

El amo le dijo a su siervo: "Mal siervo, por tu propia boca te juzgo (v. 22a). Luego le preguntó: ¿por qué, pues, no pusiste mi dinero en el banco, para que al volver yo, lo hubiera recibido con los intereses?" (v. 23).

Me preocupan muchos cristianos que pueden hablar de la gracia y la bondad de Dios, y alabarle por haberlos sacado de la nada, pero no le dan un beneficio digno de la inversión que Él hizo en ellos. Estas personas no solo no le están devolviendo el 1000%, el 500%, ni el 10% de su incremento a Dios; como el mayordomo infiel, ni siquiera están produciendo el 2 o el 3% que podrían obtener en el banco de su localidad. Con esta parábola, Jesús nos está diciendo que mayordomos como esos no son buenos siervos para Él. De hecho, una versión de la Biblia llama "siervo inútil" al mal siervo.

Como resultado de su falta de diligencia, en contraste directo con el primer siervo, el mayordomo inútil recibió una condenación rotunda. No recibió ninguna ciudad. La historia revela que incluso se le quitó la mina que había recibido. Por lo cual, recibió el mismo mérito que el beneficio que produjo para su amo: ninguno.

Observa en el versículo 24 que había otras

personas "presentes" en el juicio de este hombre: "Y dijo [el amo] a los que estaban presentes: Quitadle la mina, y dadla al que tiene las diez minas". No sé cómo lo hará Dios, pero de alguna manera los fallos del tribunal de Cristo serán presenciados por todos.

¡Ay de aquel que simplemente está usando el nombre de Cristo como una condecoración en vez de honrar su nombre! Todos lo sabrán. Si no tenemos nada para presentar delante de Cristo que resista el fuego, los otros creyentes que estén presentes en el tribunal de Cristo lo sabrán.

Por eso, pienso que habrá algunas grandes sorpresas el día del juicio. Puede que algunos digan cosas como: "Pero yo pensaba que fulano de tal era un buen cristiano. Siempre venía a la iglesia con su Biblia bajo el brazo. Siempre estaba diciendo 'gloria a Dios'". Aunque puede que eso haya sido así, en realidad, si esa persona no tenía un compromiso profundo, quedará en evidencia en el día del juicio.

Fíjate cómo resume Jesús esta parábola sobre la mayordomía: "Pues yo os digo que a todo el que tiene, se le dará; mas al que no tiene, aun lo que tiene se le quitará" (Lucas 19:26). Vimos esto en la abundante recompensa del primer siervo y en el juicio del tercer siervo. Amigo, lo mismo sucede no solo en todas las áreas de la vida, sino particularmente en tus finanzas. Lo mejor que puedes hacer para alcanzar la victoria financiera es operar conforme a los principios bíblicos de la mayordomía.

Por tanto, ¿cómo puedes empezar a ser productivo y agradar a Dios en tu mayordomía financiera?

Una buena manera de empezar es hacer que las palabras de Hebreos 12:28 sean tu oración constante: "Así que, recibiendo nosotros un reino inconmovible, tengamos gratitud, y mediante ella sirvamos a Dios agradándole con temor y reverencia".

Acude a Dios diariamente y ora: "Señor, gracias por la certeza de tu reino. Ayúdame a mostrarte mi gratitud al servirte fielmente hoy y cada día. Mi deseo es honrarte con mi manera de usar el dinero que me has dado. Dame la gracia que necesito para hacer rendir al máximo lo que tú me has prestado. Ayúdame a usar mis finanzas para dar prioridad a tu agenda por sobre la mía".

LA BIBLIA DICE CLARAMENTE QUE AQUEL QUE DESEA PROSPERAR DEBE ESTAR DISPUESTO A TRABAJAR DURO.

Ten fe en que Dios escucha tu oración, y no la anules al ser como el mal siervo que su amo llamó inútil. Trabaja de tal manera que hagas todo lo posible para acrecentar lo que tienes. Dios responderá la oración de tu corazón y muchas veces usará tu productividad personal para crear riquezas para ti. La pereza no es la manera de dar fruto financiero. El libro de Proverbios nos dice:

> La mano negligente empobrece; mas la mano de los diligentes enriquece (10:4).

> El alma del perezoso desea, y nada alcanza; mas el alma de los diligentes será prosperada (13:4).

> En toda labor hay fruto; mas las vanas palabras de los labios empobrecen (14:23).

> El perezoso no ara a causa del invierno; pedirá, pues, en la siega, y no hallará (20:4).

Estos son solo algunos de los versículos que muestran lo que Dios dice con respecto a la pereza. La Biblia dice claramente que aquel que desea prosperar debe estar dispuesto a trabajar duro. Y, si no está dispuesto a trabajar, no debería comer (2 Tesalonicenses 3:10). Los perezosos piensan más en el presente que en el futuro. Todo aquel que quiere agradar a Dios y cosechar la recompensa de Dios, debe empezar por asumir la responsabilidad de sí mismo y de su familia.

Cuando el pobre perezoso recibe donativos que requieren poca o ninguna productividad de su parte, estamos instigando y colaborando a su decadencia económica, así como a la nuestra. Parece como si hoy todos quisieran hacerse ricos, pero pocos están dispuestos a ser debidamente diligentes en la búsqueda honrada de las riquezas.

Sin embargo, Dios ha revelado claramente que uno de los factores que más contribuye a vivir una vida de utilidad financiera es la productividad personal. Dios está buscando a personas que tengan una ética laboral recta y el deseo de agradar a Dios con sus finanzas. Si ese eres tú, debes saber que puedes confiar en Dios. Cuando vives conforme a su pacto, Él te revela las cosas que puedes hacer o los métodos que puedes usar para producir riquezas.

> **NO ES LO QUE CONOCES; SINO A *QUIÉN* CONOCES.**

Para un ejemplo bíblico, considera esta ocasión. Pedro había estado pescando toda la noche y no había podido pescar nada. La pesca era su profesión, su ocupación. Sin embargo, cuando fue Jesús, le dijo a Pedro que echara su red del otro lado de la barca. Puesto que Pedro estuvo dispuesto a confiar en la palabra de Jesús y seguir sus instrucciones, aunque lo hizo a regañadientes, recibió la recompensa de una gran pesca.

El Señor tiene una manera de tomar tu trabajo e incrementar los resultados cuando Él y sus preceptos ocupan el primer lugar en tu vida. Él te bendice cuando sabe que usarás sus bendiciones no solo para tu propio bien, sino para el avance de su reino.

¿Quieres saber el secreto de cómo progresar en la vida? No es lo que conoces; sino a *Quién* conoces. Si conoces a Dios y tienes una relación profunda y constante con Él y lo honras tangiblemente con tus recursos, Él puede darte ideas sobre cómo producir riquezas que nadie podría imaginar. Después de todo, Dios creó todo y sabe cuál es la manera segura de bendecirte.

Sin embargo, hay una advertencia a la hora de buscar al Señor y sus bendiciones. Mientras esperas, una cosa que debes evitar es el espíritu de envidia. Esta es una actitud pecaminosa que impide el crecimiento económico en el reino. La envidia va más allá de los celos. Los celos dicen: "Estoy enojado porque tú tienes algo que yo no tengo". La envidia dice: "No solo estoy enojado por lo que tú tienes, sino que, dado que yo no lo tengo, haré lo que sea para que tú no lo tengas o al menos para que no lo disfrutes".

No caigas en esta trampa. La envidia pone en acción toda una cadena de sucesos a fin de quitar a las personas la propiedad legítima que poseen. Posteriormente, da lugar a todo tipo de pecados que derivan de ella. La Biblia define claramente a la envidia como una pasión ilegítima. Pablo dijo que los malvados están repletos de envidia (Romanos 1:29), entre otras conductas inmorales. En Romanos 13:13, sigue diciendo que la envidia no debe caracterizar a los hijos de Dios.

El espíritu de envidia en realidad es un problema teológico, porque surge de una falsa perspectiva de Dios. Cuando somos envidiosos, estamos diciendo una de dos cosas: que Dios no es soberano o que no es bueno. Según nuestra perspectiva, Dios no nos ha dado lo que pensamos que deberíamos tener. En consecuencia, tenemos más envidia si otra persona lo tiene. Esta espantosa condición identifica la raíz de la envidia como una perspectiva defectuosa, débil y completamente falsa de Dios.

Si quieres buscar a Dios y sus bendiciones en tu

vida financiera, un buen punto de partida es tener una perspectiva correcta de la soberanía de Dios, además de contentarnos con lo que Él ha decidido darnos.

HONRA A DIOS CON TUS FINANZAS Y ESPERA UN BENEFICIO

Cuando un agricultor cultiva la tierra, espera que crezca lo que sembró. Espera ansioso recibir una recompensa de su labor. De manera similar, Dios quiere que esperes ser bendecido. Si actúas conforme a los principios financieros que Dios te ha dado, Él desea que esperes recibir una recompensa tanto ahora como en la eternidad.

No tiene nada de malo esperar que Dios cumpla su Palabra en ti cuando tú haces lo que Él dice. Es lo que yo denomino comprometer a Dios con su Palabra. El libro de Proverbios nos dice: "El alma generosa será prosperada; y el que saciare, él también será saciado" (11:25). En otras palabras, lo que se siembra se cosecha. Cuando honras a Dios con tus finanzas, Él te bendice financieramente.

Por otra parte, la manera más segura de alcanzar la victoria financiera es seguir al pie de la letra cada "jota... [y] tilde" de la Palabra de Dios sobre el uso correcto del dinero, empezando con la generosidad. En el libro de Lucas, leemos sobre este mismo principio: "Dad, y se os dará; medida buena, apretada, remecida y rebosando darán en vuestro regazo; porque con la misma medida con que medís, os volverán a medir" (6:38).

Puedes contar con esta verdad que viene de la Palabra de Dios: *Dar es la manera de recibir.* Para decirlo de otra manera, si quieres algo de Dios, primero debes darle algo a Dios. Él quiere honrarte, pero solo si tú lo honras.

Muchos cristianos quieren hacerlo al revés. Dicen: "Señor, dame primero, y después te daré a ti". Sin embargo, Dios dice: "Dame primero, y después te daré a ti". La diferencia fundamental entre tú y Dios es que Él es cumplidor; tú no. Lamentablemente, demasiadas veces, Dios les da a sus hijos y ellos se alejan de Él.

La realidad es que, hagamos lo que hagamos, Dios siempre cumple su palabra. Es imposible que Dios mienta, y Él ya ha dicho que esto es lo que hará. Por eso la Biblia dice: "Honra a Jehová con tus bienes, y con las primicias de todos tus frutos; y serán llenos tus graneros con abundancia, y tus lagares rebosarán de mosto" (Proverbios 3:9-10).

Las Escrituras también dicen que Dios es dueño de millares de animales en los collados (Salmos 50:10). En la Palabra de Dios también leemos: "Mía es la plata, y mío es el oro, dice Jehová de los ejércitos" (Hageo 2:8). ¡Qué Dios tan grande y poderoso tenemos!

De hecho, Dios es dueño de todo, incluso de lo que les pertenece a los injustos. En las Escrituras leemos: "la riqueza del pecador está guardada para el justo" (Proverbios 13:22b). Cuando Dios ve que sigues sus principios con respecto a la mayordomía del dinero, te da abundantes beneficios. Hasta tiene la manera de darte aquello para lo cual otras personas han trabajado, se han esforzado y han invertido, si tan solo obedeces sus preceptos con respecto a tu dinero. Él puede ayudarte a alcanzar la victoria financiera si simplemente sigues su Palabra. ¡Qué concepto tan importante y qué Dios tan grande!

Este es el principio de honrar a Dios primero y después permitir que Él te recompense por el bien que hayas hecho. Efesios 6:8 dice: "sabiendo que el bien que cada uno hiciere, ése recibirá del Señor". Cuando entiendes este principio y haces el bien con tu dinero, honras a Dios en la manera en que usas y das tu dinero. Las Escrituras garantizan que "recibirá[s] del Señor".

DEBEMOS DARNOS CUENTA DE QUE UNA BENDICIÓN ES MUCHO MÁS QUE RECIBIR UNA GANANCIA MONETARIA.

Por el otro lado, también sucede lo opuesto. Cuando le das a Dios lo que te sobra —el dinero que te quede, después de haber satisfecho tus deseos y haber gastado en todo lo que quieres—, también recibirás de Él las sobras.

LA RECOMPENSA DEL DISFRUTE

Una bendición en la Biblia es el disfrute del favor divino de Dios. Su bendición no significa tan solo tener cosas o acumular dinero. Conozco a muchas personas que han ganado mucho dinero solo para ser más desdichadas.

Debemos darnos cuenta de que una bendición es mucho más que recibir una ganancia monetaria. Incluye la capacidad y la libertad de disfrutar de nuestra ganancia financiera. Las Escrituras dicen: "La bendición de Jehová es la que enriquece, *y no añade tristeza con ella*" (Proverbios 10:22). Este versículo es decisivo cuando incursionamos en el área de la victoria financiera, porque alcanzar la victoria en nuestras finanzas requiere mucho más que tan solo ver un incremento en nuestra cuenta bancaria. Nos da la capacidad de aumentar ese incremento para beneficio del reino de Dios.

Si tú experimentas un incremento financiero en tu vida, y, sin embargo, no posees la capacidad de disfrutarlo, no has sido bendecido. De hecho, las Escrituras dicen que el dinero, o el amor al dinero y el afán por el dinero, pueden alejarte de Dios y de sus bendiciones para tu vida. Leemos: "porque raíz de todos los males es el amor al dinero, el cual codiciando algunos, se extraviaron de la fe, y fueron traspasados de muchos dolores" (1 Timoteo 6:10).

Tanto cristianos como incrédulos por igual pueden tener mucho dinero y seguir siendo desdichados. ¿Por qué? Porque el dinero, en sí, no es la bendición. La capacidad de disfrutarlo y extender el favor financiero a otros es la bendición.

Pablo entendía el significado de ser bendecido. Por eso, pudo decir de sí mismo: "he aprendido a contentarme, cualquiera que sea mi situación. Sé vivir humildemente, y sé tener abundancia" (Filipenses 4:11-12a). Tanto en la abundancia como en la escasez, Pablo tenía contentamiento, porque sabía que Cristo estaba con él y le daba el poder para soportar cualquier circunstancia.

Por ejemplo, una persona con Dios puede ser feliz en un pequeño apartamento y ser desdichada sin Él en una casa de cinco habitaciones. La bendición tiene que ver con algo más que el simple hecho de tener dinero y cosas materiales. Tiene que ver con la capacidad de recibir los beneficios de la paz y el contentamiento con lo que Dios te ha dado.

LA RECOMPENSA DE LA INTIMIDAD

Hay otra recompensa que deriva de la mayordomía bíblica. Puedes esperar que cuando estás en medio de una crisis y le pides a Dios que te ayude, Él te rescatará.

En el libro de los Salmos, el salmista llama al pueblo de Dios y le dice: "Sacrifica a Dios alabanza, y paga tus votos al Altísimo" (50:14). Está exhortando a los creyentes a dar a Dios con un corazón agradecido. Cuando damos de lo que Dios nos ha dado, Él nos da esta seguridad: "E invócame en el día de la angustia; te libraré, y tú me honrarás" (Salmos 50:15).

Hoy día, muchos cristianos le piden a Dios y no reciben una respuesta, porque no lo están honrado con sus finanzas. Cuando la oración se combina con el cumplimiento de los principios bíblicos sobre la mayordomía, Dios responde. Si sientes que estás orando todo el tiempo, pero tus oraciones no van más allá del cielo raso, piensa qué le estás dando a Dios. Piensa cómo estás administrando tu dinero. ¿Refleja eso un respeto supremo por Dios? ¿Le estás dando las primicias de lo que recibiste? ¿Tomas tus decisiones financieras en función de los principios de Dios, el avance de su reino y la honra debida a su nombre?

La victoria financiera es mucho más integral que el solo hecho de tener dinero ahorrado en una cuenta bancaria o una cuenta de retiro. Vivir una vida de victoria financiera bíblica se extiende a todas las áreas de tu vida. Incluso llega a tu vida de oración. Cuando tú le das a Dios, Él escucha y responde tus oraciones cuando más lo necesitas.

En el libro de los Hechos leemos acerca de un centurión llamado Cornelio. Dios respondió a este hombre no solo por sus oraciones, sino porque sus oraciones estaban acompañadas de ofrendas. Se nos presenta a Cornelio al comienzo del capítulo 10, donde leemos:

> Había en Cesarea un hombre llamado Cornelio, centurión de la compañía llamada la Italiana, piadoso y temeroso de Dios con toda su casa, *y que hacía muchas limosnas* al pueblo, y oraba a Dios siempre (Hechos 10:1-2).

Aprendemos varias cosas sobre Cornelio en esta breve introducción; principalmente, que era un hombre devoto que daba generosamente. Debido a su generosidad, Dios respondió sus oraciones. Más adelante en este capítulo leemos:

> Entonces Cornelio dijo: Hace cuatro días que a esta hora yo estaba en ayunas; y a la hora novena, mientras oraba en mi casa, vi que se puso delante de mí un varón con vestido resplandeciente, y dijo: Cornelio, tu oración ha sido oída, y *tus limosnas han sido recordadas* delante de Dios (Hechos 10:30-31).

El dar es un termómetro que mide la temperatura de la intimidad en tu relación con Dios. Lo que haces con tu dinero es uno de los mayores reveladores de lo que tú valoras y crees firmemente en la vida. Cuando tú demuestras que valoras y honras a Dios y el avance de su reino, Él presta mucha atención a tus necesidades.

Hay un versículo conocido que a menudo se cita con relación a que Dios cuida de nosotros como creyentes. Se escribió en el contexto de las dádivas financieras. En su carta a la iglesia de Filipos, Pablo escribió: "Mi Dios, pues, suplirá todo lo que os falta conforme a sus riquezas en gloria en Cristo Jesús" (Filipenses 4:19).

Los cristianos a menudo citan este versículo como una declaración de bendición generalizada; sin embargo, lo hacen sin colocarlo en el contexto en el cual se escribió originalmente. En realidad, esta verdad fue escrita en respuesta al principio de dar. Sin vivir conforme a los principios que la preceden, no se puede reclamar esa promesa, porque está ligada al contexto en el cual se declaró.

El principio de la provisión está tan ligado al

dar en la Biblia, que Pablo les dijo claramente a los filipenses que la razón por la cual buscaba su ayuda financiera no era solamente para que él hiciera lo que Dios lo había llamado a hacer, sino para que ellos fueran bendecidos. Pablo escribió: "No es que busque dádivas, sino que busco fruto que abunde en vuestra cuenta" (Filipenses 4:17).

Pablo les dijo a quienes estaban dando para sostener el avance del reino de Dios, que él quería que ellos dieran porque, finalmente, los ayudaría aún más a ellos que a él mismo. Ellos serían bendecidos, no solo financieramente, sino también emocional, espiritual y relacionalmente. En otras palabras, les estaba diciendo a los creyentes que cosecharían lo que habían sembrado. De hecho, finalmente, cosecharían más.

La promesa sigue vigente hoy. No es que Dios suplirá nuestras necesidades financieras según sus riquezas en gloria. La promesa es que Dios suplirá *todas* nuestras necesidades según sus riquezas en gloria. Ahora bien, esto no significa que Dios concederá cualquier ambición, sino que Él suplirá las necesidades de aquellos que invierten en su reino.

LA LEY DE LA SIEMBRA Y LA COSECHA

Dios hace una relación directa entre cómo tú tratas a otros y cómo Él te trata. Hace una clara relación entre el beneficio que tú produces con lo que tienes y el incremento que Él te da. En los círculos cristianos, esto normalmente se conoce como la ley de la siembra y la cosecha. En Proverbios leemos:

> Hay quienes reparten, y les es añadido más; y hay quienes retienen más de lo que es justo, pero vienen a pobreza. El alma generosa será prosperada; y el que saciare, él también será saciado. Al que acapara el grano, el pueblo lo maldecirá; pero bendición será sobre la cabeza del que lo vende. El que procura el bien buscará favor; mas al que busca el mal, éste le vendrá (11:24-27).

Las aves vuelan porque volar es inherente a las aves. El agua es húmeda, porque la humedad es inherente al agua. El fuego es caliente, porque el calor es inherente al fuego. La siembre da su cosecha, porque cosechar es inherente a la siembra. Todo lo que siembres, también lo cosecharás. Como acabamos de leer: "el que saciare, él también será saciado". Según los principios bíblicos sobre la mayordomía, cuando das, también recibes.

Hay seis principios relacionados directamente con la ley de la siembra y la cosecha, que quiero abordar para cerrar esta sección sobre las recompensas de la mayordomía. Si implementas estos principios en tus finanzas, cosecharás una victoria financiera en tu vida.

PRINCIPIO #1: TU COSECHA DEPENDE DE SI SIEMBRAS

El primer principio es que tu cosecha depende de si siembras. Si no siembras semillas, no puedes esperar una cosecha. Hay muchos cristianos que esperan una cosecha de Dios en su vida financiera;

sin embargo, no están sembrando ninguna semilla para el reino.

Estos cristianos no entienden la ley de la cosecha. Así como en la agricultura, si quieres que algo crezca de la tierra, primero tienes que poner algo en la tierra. No puedes cosechar de una tierra sin semillas.

El libro de Juan registra las palabras de Jesús: "De cierto, de cierto os digo, que si el grano de trigo no cae en la tierra y muere, queda solo; pero si muere, lleva mucho fruto" (Juan 12:24). Para sembrar una semilla, debes renunciar a tus propios antojos y deseos para cultivar esa semilla. Esa semilla debe "morir" para ti para que pueda dar fruto para el reino, de tal manera que sea de provecho para ti y para otros más adelante.

Sembrar es lo que activa la cosecha. Suponte que un agricultor dijera: "Este año no voy a sembrar ninguna semilla en mis ochenta acres de tierra, pero confío que Dios me dará una abundante cosecha de maíz, porque sé que Él puede hacer mucho más de lo que podemos pedir o imaginar".

Si le escucharas decir eso, pensarías que el agricultor se ha vuelto loco. Él no puede esperar que sus ochenta acres de tierra de cultivo produzca ni un tallo de maíz si primero no se toma el tiempo y el esfuerzo de sembrar semillas.

Sin embargo, esto es lo que muchas personas hacen con respecto a sus finanzas. Van a la iglesia o pasan tiempo con Dios y le piden que les dé una cosecha de gran ganancia financiera. Hacen esto sin estar dispuestas ni siquiera a sembrar una pequeña semilla de vez en cuando. Pero no hay otra manera. Si quieres una cosecha, debes sembrar las semillas. Es así de sencillo y claro. Pablo escribe sobre la siembra y la cosecha en su segunda carta a la iglesia de Corinto donde leemos:

> Pero esto digo: El que siembra escasamente, también segará escasamente; y el que siembra generosamente, generosamente también segará. Cada uno dé como propuso en su corazón: no con tristeza, ni por necesidad, porque Dios ama al dador alegre (2 Corintios 9:6-7).

> Y el que da semilla al que siembra, y pan al que come, proveerá y multiplicará vuestra sementera, y aumentará los frutos de vuestra justicia, para que estéis enriquecidos en todo para toda liberalidad, la cual produce por medio de nosotros acción de gracias a Dios (2 Corintios 9:10-11a).

Con respecto a prepararse para el futuro, aquí hay algo más para considerar seriamente. Ningún agricultor en su sano juicio se comería toda su producción agrícola, incluso todas sus semillas. Si se comiera todo lo que produce y todas sus semillas, no le quedaría nada para volver a sembrar. Sin embargo, eso es lo que muchas personas hacen. Reciben las cosas buenas que Dios les da. Luego se lo consumen todo, sin dejar nada para sembrar para el futuro. Amigo, si te comes toda tu cosecha, no te quedará nada para plantar para otra cosecha.

Una vida que dé fruto financiero beneficiará el avance del reino de Dios. Hay tres elementos claves del fruto que son útiles para entender cómo debemos administrar nuestro dinero. El primero es que el fruto siempre se produce según su propia especie. Nunca tendrás un árbol de manzanas que produzca sandía ni un árbol de papaya que produzca bananas. El fruto se parece y refleja la clase de semilla de la cual proviene.

El segundo aspecto sobre el fruto es que siempre está destinado a beneficiar a otro, no solo a sí mismo. Nunca verás una fruta que se consuma a sí misma, a menos que esté podrida, lo cual nos lleva al tercer aspecto del fruto. El fruto sano no se consume a sí mismo. El fruto podrido es el único que se consume a sí mismo, lo cual hace que no sea bueno para nadie más.

Dar fruto financiero viene como resultado de seguir los principios bíblicos sobre el dinero. Cuando tú honras a Dios y a su reino con lo que siembras, cosechas un fruto de su misma especie. Cosecharás según la providencia, la orden y la ganancia de Dios. Cosecharás bendiciones según los propósitos de Dios. Además estarás en condiciones de ayudar a otros con el incremento que Dios te ha dado. Tu fruto financiero seguirá dando aún más fruto en la vida de las personas en quienes siembres.

Por último, cuando no consumas solo en ti todo lo que Dios te ha dado, darás un fruto sano en vez de un fruto podrido. Pero, si lo consumes solo en ti, te quedarás sin nada para volver a plantar.

PRINCIPIO #2: TU COSECHA DEPENDE DE LO QUE SIEMBRAS

El segundo principio para una vida de productividad financiera implica aquello que siembras. Leemos: "No os engañéis; Dios no puede ser burlado: pues todo lo que el hombre sembrare, eso también segará" (Gálatas 6:7). De hecho, la Biblia nos dice que este principio histórico data desde el mismo comienzo del tiempo. Desde Génesis, leemos: "Produjo, pues, la tierra hierba verde, hierba que da semilla según su naturaleza, y árbol que da fruto, cuya semilla está en él, según su género. Y vio Dios que era bueno" (Génesis 1:12).

Dios creó el mundo para que funcionara de tal manera que si plantas una semilla de papas, obtienes papas. O si plantas una semilla de tomate, obtienes tomates. Todo aquello que pones en la tierra, lo recibes de vuelta.

Este principio no solo funciona en el mundo de la agricultura, sino también en tu vida. Si siembras escasamente en tus finanzas para Dios, cosecharás escasamente en tus finanzas de Dios para ti. Si siembras generosamente en tus finanzas para Dios, cosecharás generosamente en tus finanzas de Dios para ti.

En otras palabras, si plantas algo malo, no esperes que crezca algo bueno. Si no plantas nada en Dios y en el avance del su reino y en la expansión de su gloria sobre la tierra, ¿por qué esperas grandes cosas de Dios? Si no hay una inversión espiritual, ¿por qué esperas un beneficio espiritual?

Esto explica por qué muchas de nuestras oraciones

reciben respuestas de "un centavo": es porque muchas de nuestras vidas y de nuestras decisiones reflejan peticiones de "un centavo". Si das lo que te sobra, recibirás sobras. Si das honra, recibirás honra. Tú cosechas lo que siembras; por lo tanto, siembra sabiamente.

PRINCIPIO #3: TU COSECHA DEPENDE DE CUÁNTO SIEMBRAS

El tercer principio para vivir una vida de productividad financiera tiene que ver con cuántas semillas siembras. Como vimos anteriormente: "El que siembra escasamente, también segará escasamente; y el que siembra generosamente, generosamente también segará" (2 Corintios 9:6). Por consiguiente, no puedes poner una semilla en una parcela de tierra de 80 acres y esperar una cosecha digna de ochenta acres de tierra. No funciona de esa manera. El tamaño de tu cosecha está determinado por la cantidad que siembras. Si quieres un beneficio de ochenta acres, necesitas plantar semillas del valor de ochenta acres.

La pregunta con respecto a nuestras finanzas nunca debería ser: "¿Qué quiero sembrar?". En realidad, la pregunta que debemos hacernos es: "¿Qué quiero cosechar?". Una vez que determinas lo que quieres cosechar, eso determinará lo que debes sembrar. Si quieres grandes cosas de Dios, hónralo en grande con tus finanzas. Si solo quieres de Dios cosas comunes y corrientes, trátalo como un Dios común y corriente. En conclusión, si siembras escasamente, no esperes cosechar abundantemente.

Ningún agricultor que siembra escasamente espera obtener una cosecha extraordinaria. Sin embargo, es asombroso ver cuántas personas quieren una cosecha extraordinaria de Dios, pero solo siembran una semilla para la gloria de Dios y el avance de su reino. Tú no tratarías a tu jefe de esa manera si quisieras recibir un sueldo extraordinario. No irías a trabajar solo un día a la semana y dirías: "Oye, al menos vine una vez". No solo no recibirías un sueldo extraordinario, sino que puede que perderías tu empleo.

No tratamos a los hombres de esa manera, sin embargo, muchos de nosotros tratamos a Dios de esa manera. Todo el tiempo esperamos que Dios nos bendiga. Esa estrategia no funciona en tu trabajo y, definitivamente, no funcionará con Dios.

PRINCIPIO #4: TU COSECHA DEPENDE DE DÓNDE SIEMBRAS

Tu cosecha financiera no solo depende de si siembras, de lo que siembras y de cuánto siembras; también depende de dónde siembras. Si siembras semillas debajo de tu alfombra, no vas a obtener nada que crezca allí. Tu alfombra no constituye el hábitat adecuado para el crecimiento.

En la parábola del sembrador, Jesús habla de sembrar en "buena tierra" (Mateo 13:8). La buena tierra significa invertir en el reino de Dios. Cuando tú inviertes en el avance del evangelio, la gloria de Dios y su reino, estás sembrando en buena tierra.

La buena tierra es donde las personas crecen en

fe, las vidas cambian y el pobre prospera o recibe la gracia de trabajar para sus necesidades. A su vez, cuando tú inviertes tu semilla en buena tierra, Dios presta atención y la multiplica de acuerdo a tu inversión. Él seguirá bendiciéndote y permitiéndote hacer aún más.

PRINCIPIO #5: TU COSECHA DEPENDE DE CUÁNDO SIEMBRAS

Una de las razones por la que a muchos cristianos les cuesta entender los principios del dar con la referencia a sembrar y cosechar es porque nos hemos vuelto muy industrializados en nuestra manera de pensar. Muchos de nosotros no tenemos ni idea de lo que significa cultivar la tierra y esperar el tiempo de la cosecha. No sabemos cómo es vivir en una comunidad agraria. Esto nos dificulta entender el principio de cuándo sembrar semillas financieras y la necesidad de esperar pacientemente el beneficio de nuestra inversión.

EN ESTOS DÍAS, QUEREMOS QUE TODO SEA INSTANTÁNEO Y, POR CONSIGUIENTE, NO ESPERAMOS CON PACIENCIA LA COSECHA DE LO QUE HEMOS SEMBRADO.

En un esfuerzo por ser buenos mayordomos de lo que tenemos, nos beneficiaríamos si fuéramos cristianos con una mentalidad de campo. Ahora bien, debo admitir que he crecido en la ciudad de Baltimore, de modo que los conceptos de la agricultura son extraños para mí. Pero es esencial que hagamos el esfuerzo de entender, aceptar e implementar estos principios en nuestra vida, porque desempeñan un rol importante en nuestra victoria financiera.

Como cristianos industrializados que viven en un mundo donde se espera que todo suceda en un instante, hemos perdido de vista una virtud muy importante. Es la virtud de la paciencia. En estos días, queremos que todo sea instantáneo y, por consiguiente, no esperamos con paciencia la cosecha de lo que hemos sembrado. Muchos cristianos siembran al honrar a Dios con sus finanzas, pero, cuando no ven el beneficio inmediato de su inversión, se cansan y piensan que sembrar no funciona.

Por otro lado, ningún agricultor planta en la primavera y espera una cosecha en esa primavera. No funciona de esa manera. Cuando mi hijo Anthony era más pequeño, le dieron un proyecto en la escuela donde debía plantar una semilla, regarla y cuidar de ella. Anthony plantó su semilla y la cuidó fielmente durante el primer día y la primera noche. Pero, al día siguiente, Anthony entró a mi cuarto llorando. Le pregunté qué pasaba y él me pidió que lo acompañara a ver su semilla. Cuando miré su frasco lleno de tierra, le pregunté qué había salido mal.

Me dijo: "Mi semilla. No pasó nada. No hay nada allí".

Anthony todavía no entendía una lección muy

importante. Cuando tú plantas una semilla, siempre hay un período de espera antes de ver el fruto o el crecimiento de esa semilla. Tú nunca obtienes una cosecha el día después que siembras. Esperar la cosecha requiere de paciencia durante el tiempo que transcurre su crecimiento.

Lo mismo sucede con nuestras finanzas y la honra que le damos a Dios. Por eso, Pablo nos escribe y nos dice que no nos cansemos cuando no vemos resultados inmediatos. "No nos cansemos, pues, de hacer bien; porque a su tiempo *segaremos*, si no desmayamos" (Gálatas 6:9).

Algunos cristianos han dejado de plantar semillas financieras, simplemente, porque no han visto una rápida cosecha. Pero la cosecha no sucederá hasta que llegue "su tiempo"; es decir, el tiempo indicado para esa semilla en particular. Todas las semillas no requieren el mismo tiempo para crecer, pero todas necesitan que llegue el tiempo indicado para dar fruto.

Dios conoce exactamente dónde te encuentras en tu ciclo de crecimiento y hará que tu semilla produzca su cosecha en el momento indicado. Deja el tiempo en las manos de Dios y no te canses por el solo hecho de no ver resultados inmediatos. No te desanimes, tu cosecha está llegando. Sembrar pacientemente requiere de fe, y la fe agrada a Dios.

PRINCIPIO #6: TU COSECHA DEPENDE DE POR QUÉ SIEMBRAS

La diferencia entre el evangelio de la prosperidad y la legítima prosperidad bíblica es la motivación.

La teología de la prosperidad nos enseña la filosofía de obtener ganancias en el nombre de Dios de una forma desvinculada del desarrollo espiritual. En consecuencia, promueve la idea de que la ganancia material puede tener prioridad por sobre el crecimiento espiritual.

Dios no se opone a la ganancia material, sino a que la ganancia material lo deje a Él afuera. Dios es todo en todos. Sus propósitos incluyen su propia gloria y reconocimiento, junto al avance de su reino. Cuando tú haces de los objetivos de Dios tus objetivos, Él tiene razones de sobra para responder tus peticiones.

Recientemente, estuve con un pastor de una iglesia pequeña. Y, sin embargo, a pesar de sus propias limitaciones financieras, como iglesia decidieron practicar la teología de la siembra. Cada vez que tenían la oportunidad de ayudar a una nueva iglesia que estaba luchando por salir adelante, el pastor de esta iglesia recogía una ofrenda para esa iglesia en particular. Varias veces, enviaron más de $10.000 de las ofrendas de su congregación a otras iglesias. El pastor me dijo que estaban "plantando semillas".

No mucho después que la iglesia de ese pastor decidió ayudar a otras iglesias en necesidad, la congregación recibió una ofrenda anónima de $500.000. Todo lo que hicieron fue cumplir el principio bíblico de sembrar para dar la gloria a Dios. Entonces, Dios abrió los cielos y derramó sobre ellos medio millón de dólares. La razón principal es que

Dios respalda todo aquello que más lo glorifica y hace avanzar su reino.

Voy a ilustrar lo que quiero decir de otra manera. Un día, un hombre estaba en el desierto y tenía mucha sed. Hacía mucho tiempo que no bebía nada. A la distancia, vio una pequeña cabaña junto a un pozo de agua. El hombre sabía que pronto se moriría si no bebía un poco de agua.

Junto al pozo había una jarra y una nota que decía:

> Forastero, el agua de la jarra no es para beber. Es para cebar la bomba del pozo. Cuando cebes la bomba, obtendrás agua de sobra para beber. Cuando no quieras beber más, deja una jarra llena de agua para la próxima persona.

El hombre estaba entre la espada y la pared. Podía beber el agua de la jarra y sobrevivir unos pocos días más. O podía arriesgarse a perder el agua que tenía, si trataba de cebar la bomba y esta no funcionaba. Pero si la bomba funcionaba, tendría agua de sobra para sobrevivir el tiempo que necesitara.

Después de pensarlo bien, el hombre decidió llenar la bomba de agua. Eso dilataría el cuero de la bomba, permitiéndolo hacer presión para empezar a extraer agua. Sin embargo, cuando empezó a derramar el agua, no sucedió nada. Derramó más agua y seguía sin suceder nada. El hombre empezó a preocuparse en serio, porque estaba derramando precisamente aquello que podía salvarle la vida.

Entonces, justo antes de quedarse sin nada de agua, vio que empezaba a salir agua de la bomba. El hombre pudo llenar todo lo que encontraba que podía contener agua, porque la bomba no se secaba.

Amigo, Dios tiene más recursos y dinero del que puedas necesitar en toda tu vida. Él tiene un pozo que es más grande que tus sueños más descabellados. Sin embargo, te está pidiendo solo una cosa. ¿Estás dispuesto a cebar la bomba con aquello que Él te ha dado? ¿O te lo guardarás para ti? Puedes guardártelo para ti si quieres. Pero, cuando se te acabe, te quedarás sin nada. Pero si cebas la bomba al devolverle a Dios lo que ya le pertenece, Él te suplirá más de lo que necesitas.

ACELERA EL RITMO

Yo solía jugar al Monopoly todo el tiempo. Todavía me sigue gustando porque, cuando juego, puedo tener propiedades. Jugar al Monopoly me da la oportunidad de hacer como si fuera un magnate de bienes raíces como Donald Trump, que compra y vende propiedades.

Sin embargo, ten cuidado si juegas conmigo. No me permitas que compre Boardwalk y Park Place. Porque, si llego a comprar esas dos propiedades, no suelo mostrar compasión. Cuando junto suficiente dinero, compro algunas casitas verdes para Boardwalk y Park Place.

Y cuando haya comprado suficientes casitas verdes, las cambiaré por dos grandes hoteles rojos. El valor de la propiedad entonces aumenta y más vale que no caigas en mi propiedad, sino que pases por "Go" y juntes otros doscientos dólares. De cualquier manera, estaré allí esperándote.

Ahora, déjame hablarte de la parte difícil de jugar al Monopoly. Es cuando el juego termina. Entonces tengo que dejar todas mis propiedades y mi dinero de fantasía, cerrar la caja y volver al mundo real.

Amigo, algún día se acabará el juego para nosotros. Vamos a dejar este mundo para ir al mundo real, al reino de Dios. Allí se nos mostrará lo que *realmente* tenemos. Lo único que importará ese día no es lo que dejamos atrás, sino lo que enviamos por adelantado.

La única "propiedad" que contará en el tribunal de Cristo es el tiempo, los talentos y el tesoro que invertimos en las cosas de valor eterno. Lo que importará entonces es qué hicimos en beneficio del reino.

Puede que estés diciendo: "Tony, quiero hacer lo máximo en mi mayordomía. Quiero ser un buen siervo en el reino. Pero he perdido tiempo y he gastado el dinero de Dios. ¿Qué puedo hacer?".

Haz lo mismo que hace un atleta cuando está retrasado en una carrera. Tienes que acelerar el ritmo. No puedes preocuparte por el camino que ya has recorrido. Ayer ya pasó, pero puedes acelerar el ritmo hoy para poder recorrer un camino más largo mañana.

Recuerda siempre esto: el reino de Dios tiene solo un Soberano, pero tiene lugar para una cantidad ilimitada de siervos. Lo que Jesucristo está buscando son siervos fieles que le digan: "Señor, tú eres primero en mi tiempo, mis talentos y mi tesoro. Ayúdame a hacer de la agenda de tu reino, mi agenda. Ayúdame a marcar una diferencia eterna para ti".

Cuando estés listo para hacer esa oración y vivirla, estarás en condiciones de escuchar a Jesús decirte "buen siervo" en el día del juicio.

3

La victoria

Como ciudadano de Estados Unidos, vivo en una nación conocida por la libertad que ofrece. Tenemos libertad de religión, libertad de expresión, libertad de reunión, libertad de prensa y otras libertades.

Sin embargo, la libertad que pocos estadounidenses experimentan hoy día es la libertad de las deudas. Los ciudadanos de Estados Unidos se están ahogando en un mar de deudas. Muchos se han convertido en esclavos de prestamistas en la economía actual. Como leemos en Proverbios: "El rico se enseñorea de los pobres, y el que toma prestado es siervo del que presta" (Proverbios 22:7). Para estas personas, el nombre de la conocida tarjeta de crédito VISA podría traducirse como "Voluntario de la Institución de Servidumbre Atemporal".

Demasiados consumidores son como los siete enanitos que vivían con Blancanieves. Cada mañana van a trabajar al son de una canción parecida: "Saliendo a trabajar, para las deudas pagar". Alguien dijo una vez: "El dinero habla y, casi siempre, dice '¡adiós!'".

He aquí una realidad sorprendente que descubrí en CNN Money, un sitio web financiero. En 2012, el hogar estadounidense promedio con al menos una tarjeta de crédito tiene en este momento cerca de $15.950 de deudas solo en tarjetas de crédito.[1] Eso sin contar los préstamos para el auto, los préstamos estudiantiles y la hipoteca de la vivienda. Lamentablemente, para los asalariados, la deuda ha llegado a ser una forma de vida. Actualmente, hay tres grupos de personas en nuestra nación: los que tienen, los que no tienen y los que no han pagado por lo que tienen. En vez de vivir para el futuro, las personas están pagando por el pasado. Las deudas se han convertido en la nueva adicción.

Las deudas arruinan todo lo que dominan. Matrimonios han terminado en divorcio por peleas sobre dinero y cuentas a pagar. Sueños han quedado truncados, porque algunas personas deben enfocar su tiempo y atención en tratar de salir a flote en medio de un mar de deudas. Se han perdido casas, empresas han quebrado y se han destruido familias a causa de este archienemigo llamado deuda.

Aunque son muchas las malas noticias sobre las deudas, también hay algunas buenas noticias: no tienes por qué ser esclavo de las deudas. Hay una salida. Dios te da una manera de pagar por completo todas las deudas que tienes, si simplemente sigues sus principios.

La Biblia dice que no es normal que un cristiano viva endeudado, con más deudas que bienes. Dios

---

1. "Money 101, Lesson 9: Controlling Debt", artículo en línea, sitio web de CNN Money, http://money.cnn.com/magazines/moneymag/money101/lesson9/ index.htm.

dice que si lo sigues y obedeces sus mandamientos, tú serás el que preste, y no el que pida prestado. Vivir bajo su pacto nos hace ser cabeza y no cola, de la manera que Dios estipuló que fuera. Leemos:

> Te abrirá Jehová su buen tesoro, el cielo, para enviar la lluvia a tu tierra en su tiempo, y para bendecir toda obra de tus manos. Y prestarás a muchas naciones, y tú no pedirás prestado. Te pondrá Jehová por cabeza, y no por cola; y estarás encima solamente, y no estarás debajo, si obedecieres los mandamientos de Jehová tu Dios, que yo te ordeno hoy, para que los guardes y cumplas (Deuteronomio 28:12-13).

La Palabra de Dios es clara. Por lo tanto, si la deuda es una forma de vida para ti, significa que tú y Dios no están hablando de lo mismo. La deuda es más que un problema financiero. Es un problema espiritual. De hecho, David señala que aquellos que no pagan sus deudas son impíos. Él escribió: "El impío toma prestado, y no paga" (Salmos 37:21a).

La Palabra de Dios nos enseña esta importante verdad sobre la administración de nuestras finanzas. Si los creyentes no saben cómo manejar sabiamente el dinero que Dios les ha dado, el uso insensato de sus fondos, en realidad, les impedirá recibir bendiciones futuras. Leemos al respecto:

> El que es fiel en lo muy poco, también en lo más es fiel; y el que en lo muy poco es injusto,

también en lo más es injusto. Pues si en las riquezas injustas no fuisteis fieles, ¿quién os confiará lo verdadero? (Lucas 16:10-11).

No administrar el dinero de Dios a la manera de Dios puede truncar cualquier petición de grandes cosas que le hayas hecho. Como hemos visto a lo largo de este libro, la victoria financiera no tiene que ver solo con el dinero. Es una perspectiva espiritual de la mayordomía, que incluye el dinero.

Esta perspectiva spiritual está compuesta por tres palabras que te ayudarán a salir de las deudas, administrar bien tu dinero y vivir una vida de victoria financiera. Si comienzas a poner en práctica cada una de estas tres simples palabras, en este orden, comenzarás a ver un cambio en tu vida financiera sobre la base de la Palabra de Dios.

Las tres palabras que pueden tener una profunda incidencia en tu vida si las acatas bien son: *dar, ahorrar, gastar.* Tu camino hacia la victoria financiera está estrechamente vinculado a lo que estas tres palabras significan para el reino de Dios.

Paso 1: Dar

La primera palabra es una que ya he mencionado ligeramente en los primeros capítulos. Es el concepto de dar. A menos que entiendas bien esta parte de tu mayordomía financiera, no experimentarás la plenitud de las bendiciones financieras que Dios tiene reservadas para ti. Este principio es el fundamento sobre el cual se edifica todo lo demás.

Lamentablemente, en los círculos cristianos de hoy estamos experimentando una condición que yo denomino "la cirrosis del dador". Mientras los estadounidenses cristianos controlan más del 70% de la riqueza del mundo cristiano, el ciudadano promedio solo da el 2,6% de sus ingresos.[2] Además, en realidad, solo el 5-7% de todos los cristianos diezma.[3] Y nos preguntamos por qué estamos experimentando tantas dificultades, presiones y derrotas financieras. Cuando no vivimos los principios de Dios con respecto a la mayordomía —comenzando con el diezmo—, tampoco recibimos las bendiciones de Dios en cuanto a la recompensa y la providencia.

La palabra hebrea que traducimos como nuestra palabra "diezmo" en la Biblia es *maasér*[4], y significa simplemente "décima parte" o "el pago del diez por ciento". En el libro de Deuteronomio, Dios nos da la razón por la que debemos diezmar. Leemos:

> Indefectiblemente diezmarás todo el producto del grano que rindiere tu campo cada año. Y comerás delante de Jehová tu Dios en el lugar

---

2. Cita de Randy Alcorn tomada de un sermón basado en su libro *El principio del tesoro* y predicado hace algunos años en una conferencia para pastores de Crown Financial Ministries.
3. The Barna Group, "The Economy's Impact (part 3 of 3): Donors Reduce Giving, Brace for the Long Haul", http://www.barna.org/barna-update/article/18-congregations/341-the-economys-impact-part-3-of-3-donors-reduce-giving-brace-for-the-long-haul?q=tithe.
4. James Strong, *Nueva concordancia Strong exhaustiva*, #H4643.

> que él escogiere para poner allí su nombre, el diezmo de tu grano, de tu vino y de tu aceite, y las primicias de tus manadas y de tus ganados, *para que aprendas a temer a Jehová tu Dios todos los días* (Deuteronomio 14:22-23).

El diezmo reflejaba y demostraba temor a Dios. En las Escrituras encontramos infinidad de pasajes que muestran la importancia del temor de Dios. Proverbios dice: "El temor de Jehová es el principio de la sabiduría" (Proverbios 9:10a). El hombre más sabio de la historia, Salomón, resume en el siguiente versículo el temor de Dios como la cosa más importante que podemos hacer: "El fin de todo el discurso oído es este: Teme a Dios, y guarda sus mandamientos; porque esto es el todo del hombre" (Eclesiastés 12:13).

Por consiguiente, dar el diez por ciento de lo que tienes a Dios te instruye sobre cómo hacer la cosa más importante que puedes hacer: temer a Dios. En las Escrituras leemos que el diezmo fue dado "para que aprendas a temer a Jehová tu Dios todos los días". Cuando tememos a Dios, le mostramos reverencia y respeto por todo lo que Él es para nosotros. Tener temor de Dios significa que nuestro corazón procura agradarle y garantiza que nuestros motivos son puros cuando damos.

Sin embargo, algunas personas argumentan que el diezmo fue dado bajo la ley, y que ya no estamos bajo la ley. Por lo general, estas son las mismas personas que no quieren dar el diezmo a Dios y deciden guardarse el dinero para sí mismas. Lo que no comprenden es que el diezmo fue dado antes que se instituyera la ley.

En el libro de Mateo, Jesús ratificó el diezmo.

Desde la creación del tiempo, Dios siempre ha retenido algo que le pertenecía para darle al ser humano la oportunidad de demostrar que tiene temor de Él y respeto por su soberanía. En el huerto del Edén, Dios instruyó a Adán y Eva, y les dio permiso para comer de todos los árboles, excepto del árbol del conocimiento del bien y del mal. Por medio de esta restricción, Adán y Eva estaban aprendiendo "a temer a Jehová [su] Dios todos los días", pues debían reconocer su titularidad y autoridad.

Además, especialmente relacionado con el diezmo, leemos en Génesis 14 que, antes que Moisés diera la ley, Abraham dio el diezmo. Leemos:

> Entonces Melquisedec, rey de Salem y sacerdote del Dios Altísimo, sacó pan y vino; y le bendijo, diciendo: Bendito sea Abram del Dios Altísimo, creador de los cielos y de la tierra; y bendito sea el Dios Altísimo, que entregó tus enemigos en tu mano. Y *le dio Abram los diezmos de todo* (Génesis 14:18- 20).

Abraham (entonces Abram) le dio el diez por ciento, *el diezmo*, al sacerdote del Dios Altísimo, Melquisedec. En este pasaje de las Escrituras encontramos una clara evidencia de que el diezmo precedió a la ley mosaica.

Aún más, el capítulo 7 de Hebreos revela que el sacerdocio de Melquisedec continúa en Jesucristo, porque nuestro Señor es sacerdote "según el orden de Melquisedec" (Hebreos 7:17). De la misma manera que Melquisedec cubrió y bendijo a Abraham al recibir su diezmo (Hebreos 7:1-8), Jesús, nuestro gran Sumo Sacerdote, por medio de un pacto superior, nos cubre y es el merecido dueño del diez por ciento de todo lo que tenemos (Hebreos 7:20-22).

En el libro de Mateo, Jesús ratificó el diezmo. De hecho, en sus expresiones de condenación a los líderes judíos con respecto a la hipocresía de su corazón (Mateo 23:23), les reprochó incluso por no dar más que el diezmo. Jesús nunca negó el diezmo; sino que lo redobló.

Sin lugar a dudas, el principio espiritual del diezmo no caducó con la ley, porque no empezó con la ley. Empezó con Abraham y continuó con el sacerdocio de Jesucristo. Como seguidores de Cristo, somos descendientes de Abraham. Pablo explicó cuál es nuestro linaje: "Y si vosotros sois de Cristo, ciertamente linaje de Abraham sois, y herederos según la promesa" (Gálatas 3:29). Como sus descendientes, también debemos seguir el principio espiritual del diezmo, pero no a Melquisedec, el receptor del diezmo de Abraham, sino a Jesucristo, el consumador del sacerdocio de Melquisedec.

Por medio de toda esta evidencia, es importante que entendamos que dar los diezmos trasciende a la ley. El principio espiritual *"para que aprendas a temer a Jehová tu Dios todos los días"*, continúa vigente en la era de la Iglesia, puesto que se nos exhorta a "temer a Dios" (1 Pedro 2:17).

La razón por la que muchos creyentes no están cubiertos hoy día es porque le roban a Dios lo que merecidamente le pertenece. Aún más, como vemos en el libro de Malaquías, retener el diezmo e incluso la ofrenda es robar a Dios lo que merecidamente es de Él. La pregunta profética que se formula es: "¿Robará el hombre a Dios? Pues vosotros me habéis robado. Y dijisteis: ¿En qué te hemos robado? En vuestros diezmos y ofrendas" (Malaquías 3:8).

TÚ DEMUESTRAS QUE TEMES A DIOS CUANDO LE DAS DE TUS POSESIONES.

Considera el hecho de que solo le puedes robar a alguien si lo que estás tomando no es tuyo, sino de otra persona. En términos prácticos, esto significa que hoy día muchas personas le están robando a Dios. Muchos creyentes se visten con ropa robada, conducen autos robados, viven en casas robadas y toman vacaciones robadas, porque usan el dinero de Dios para adquirir esas cosas. Entonces, después de haberse olvidado de honrar a Dios con sus diezmos y ofrendas, estas mismas personas le piden a Dios que las bendiga. Tal conducta puede compararse a la de un ladrón que vuelve a la persona a quien le robó y le pide más.

¿Qué le dirías a alguien que te dice que va a ir al centro de la ciudad a robar a la estación de policía? Le dirías a esa persona que está desquiciada. Robar a la estación de policía es irracional. Sin embargo, muchísimos creyentes están haciendo algo igual de irracional con Dios. En un sentido espiritual, le están robando a Aquel que es dueño de todo y que tiene autoridad sobre ellos y todo lo que poseen. No le dan a Dios lo que merecidamente le pertenece.

Debes saber que no demuestras que amas y temes a Dios cuando gritas "amén", levantas tus manos o cantas canciones de alabanza el domingo en la mañana en tu iglesia. Tú demuestras que temes a Dios cuando le das de tus posesiones. Como vimos anteriormente, Proverbios nos enseña: "Honra a Jehová con tus bienes, y con las primicias de todos tus frutos; y serán llenos tus graneros con abundancia (Proverbios 3:9-10a). Dios relaciona el estado de tus graneros (tus recursos y tu economía personal) directamente con tu manera de honrar y reverenciarlo. Tú le demuestras tu respeto y admiración de manera tangible cuando das de "tus bienes".

Cuando tomas el dinero de Dios y lo usas para otras cosas que no son las que Él ha determinado, Dios permite que tus recursos mengüen o sean devorados. ¿Has sentido alguna vez que no importa cuánto dinero ganes, nunca te alcanza? Podría haber una razón. En la Palabra de Dios leemos lo que le dijo el profeta al pueblo de Dios:

> "Malditos sois con maldición, porque vosotros... me habéis robado. Traed todos los diezmos al alfolí... [entonces] reprenderé también por vosotros al devorador, y no os destruirá el fruto de la tierra, ni vuestra vid en el campo será estéril" (Malaquías 3:9-11).

Una de las principales razones por la que actualmente muchos cristianos están endeudados es porque su siembra no está creciendo y sus vides son estériles. Como cristiano, hay una correlación directa entre tu capacidad de producir riqueza y el patrón de tus dádivas para Dios. La Biblia dice que las ventanas de los cielos están cerradas y que justamente aquello que le estás pidiendo al cielo que haga por ti —que te conceda un incremento— es justamente lo que al cielo no le interesa hacer por ti para que puedas seguir robándole a Dios. ¿Por qué debería Dios darte más para que puedas estafarlo más?

Por ejemplo, si le dieras a alguien las llaves de tu auto, y él nunca te lo trajera de vuelta, ¿le darías también las llaves de tu casa? Es probable que no. Si no le puedes confiar tu auto a esa persona, tampoco le vas a confiar tu casa. Por otro parte, si le dieras $1 a tu hijo, y tu hijo lo perdiera, ¿le darías $2 la próxima vez? Es probable que no.

El principio con Dios es el mismo. Muchos cristianos quieren más de Dios cuando le están robando lo que ya es de Él. Dios no les dará más, si no usan ese incremento para honrarlo. Sin embargo, también sucede lo inverso de esta regla. Honra a Dios con tus bienes, y Él te abrirá las ventanas de los cielos.

Si no me crees, créele a Dios. Pruébalo. Es fácil unirse al gran número de personas que dice: "El diezmo es tan solo parte de la ley. Nosotros estamos bajo la gracia". Estas personas son precisamente aquellas que tienen dificultades financieras.

Con esta manera de pensar, solo te estás haciendo daño a ti mismo. Dios dice: "y probadme ahora en esto, dice Jehová de los ejércitos, si no os abriré las ventanas de los cielos, y derramaré sobre vosotros bendición hasta que sobreabunde" (Malaquías 3:10). De modo que no tomes en cuenta solo mis palabras, el mismo Dios dice que lo pruebes. Dale tus diezmos y ofrendas, y verás lo que Dios hace a cambio. Él es fiel a su Palabra.

Si eres uno de los que piensan que necesitan más dinero, en realidad, necesitas ser capaz de cuidar el dinero que ya tienes. El problema ocurre cuando estás poniendo tu dinero en un bolsillo lleno de agujeros. Si te pasa esto, nunca saldrás adelante.

Dios abordó este mismo problema con los israelitas. Ellos estaban gastando su dinero en casas mejores y más grandes para ellos en vez de darle a Dios lo que le pertenecía. Como consecuencia, estaban perdiendo lo que producían. Dios le dijo a su pueblo:

> Pues así ha dicho Jehová de los ejércitos: Meditad bien sobre vuestros caminos. Sembráis mucho, y recogéis poco; coméis, y no os saciáis; bebéis, y no quedáis satisfechos; os vestís, y no os calentáis; y el que trabaja a jornal recibe su jornal en saco roto (Hageo 1:5-6).

A fin de cuentas, la manera de alcanzar la victoria financiera es honrar a Dios con tus finanzas. Si pasas por alto esta premisa básica, no importa cuánto ganes, Dios tiene tijeras y tus bolsillos tendrán agujeros.

Yo tenía veintidós años cuando aprendí este principio. En ese momento ganaba muy poco al mes. No éramos pobres, ¡éramos menos que pobres! Sin embargo, a pesar de ganar poco, antes de hacer otra cosa, le dábamos el diez por ciento a Dios además de las ofrendas. Al darle el diezmo y las ofrendas a Dios, no solo le estaba diciendo que estaba dispuesto a darle mi dinero, estaba reconociendo que Dios es el Dueño y yo el siervo, y que todo lo que tengo es de Él.

Amigo, darle a Dios no es simplemente una cuestión de dinero; se trata de reconocerlo como el Dueño. Tú le das primero a Dios, porque Dios está primero. Es así de simple. Haz lo que dicen las Escrituras y "busca primeramente el reino de Dios y su justicia, y todas estas cosas te serán añadidas" (Mateo 6:33, parafraseado).

Es un principio tan básico que me asombra que tantas personas no lo crean, no lo pongan en práctica y no se beneficien de él. Dios no cubrió de misterio el camino a la victoria financiera. Él le colocó un letrero que indica claramente su mensaje: "Dame los diezmos y ofrendas y yo te protegeré, supliré tus necesidades y prosperaré lo que hagas".

Sin embargo, muchas personas dicen: "Tony, no puedo darme el lujo de pagar el diezmo". Y yo les respondo: "No puedes no darte el lujo de pagar el diezmo". Tú necesitas toda la ayuda que puedas, y esa ayuda viene de Dios. No le robes a Dios y luego espera recibir todas las bendiciones que Él quiere darte. Estás estafando precisamente a Aquel que tiene el poder para ayudarte.

Otra pregunta que a menudo escucho con respecto al diezmo es: "Tony, ¿quiere Dios que diezme del bruto o del neto?". Mi respuesta es: "¿Quieres que Dios te bendiga el bruto o el neto?". La decisión es tuya. Dios ha dejado en claro cuál es la solución. No ha ocultado la respuesta. Depende de ti si quieres seguirla o no. Depende de ti si quieres posicionarte para recibir las recompensas o si te posicionas para vivir la vida con agujeros en tus bolsillos o tu billetera.

Así pues, el primer paso hacia la victoria financiera es: Dar.

PASO 2: AHORRAR

Estamos viviendo en tiempos de gran insatisfacción. Las personas están cada vez más insatisfechas. Un sentido de descontento cada vez mayor está estrangulando la billetera de muchos consumidores, mientras los anunciantes publicitarios se aprovechan de los débiles al ofrecerles otra manera nueva de alcanzar la felicidad que les proponen.

Por consiguiente, existen enormes deudas, simplemente, porque nuestra sociedad está padeciendo de una falta de contentamiento. Esta es una de las principales razones por las que la debacle nacional de la vivienda de los últimos años provocó una depresión financiera. Había demasiadas personas que estaban tratando de comprar propiedades que no podían pagar. Por el otro lado, había demasiadas personas ambiciosas que estaban vendiendo sus propiedades cuando no deberían haberlo hecho. Esta combinación de errores derivó en una inmensa cantidad de gasto de dinero que afectó negativamente la economía de todos.

El segundo paso para alcanzar la victoria financiera comprende otra palabra conocida en muchos círculos de hoy: ahorrar. Tener ahorros es lo opuesto a hundirse en las deudas, porque ahorrar dinero es estar orientado al futuro, mientras que acumular deudas es estar orientado al pasado.

Ahorrar consiste en guardar algo para el mañana, mientras endeudarse es pagar por el ayer. Apenas el 33% de estadounidenses tiene una cuenta de ahorro. Sin embargo, los principios bíblicos sobre el dinero comprenden no solo ahorrar para nosotros mismos, sino también ahorrar para nuestros descendientes. Leemos: "El bueno dejará herederos a los hijos de sus hijos" (Proverbios 13:22a). No solo debes pensar en ti con respecto a tus planes financieros; también debes hacer planes para tus nietos.

Sin embargo, la mayoría de los cristianos de hoy no han comenzado a ahorrar para sus nietos, porque ni siquiera han comenzado a ahorrar para sus hijos. Y peor aún, tampoco han comenzado a ahorrar para ellos mismos. Lamentablemente, un gran número de creyentes está a un paso de la bancarrota.

La mejor ilustración bíblica de los beneficios de ahorrar la encontramos en el libro de Génesis. Viene de la vida de José. Los principios que José siguió mientras estaba en Egipto no solo bendijeron su vida, sino que también bendijeron a su familia y a naciones enteras.

Para resumir este relato, Faraón estaba preocupado por un sueño que lo perturbaba y que no podía entender. En la primera parte del sueño, vio siete vacas gordas y siete vacas flacas. De repente, las vacas flacas se comieron a las vacas gordas. En la segunda parte del sueño, vio siete espigas llenas y siete espigas menudas. Faraón se despertó turbado después de ver que las espigas menudas se devoraban a las espigas llenas.

Cuando Faraón consultó a José acerca del significado de los sueños, nos dio uno de los preceptos más profundos que podamos seguir para alcanzar la victoria financiera. José aconsejó a Faraón de la siguiente manera: le dijo que habría siete años de abundancia, seguidos por siete años de hambre en la tierra. Durante los años de abundancia de alimentos, Faraón debía ahorrar parte de esa abundancia para que, cuando llegara el tiempo en que Egipto y las naciones vecinas pasaran necesidad, tuvieran una reserva a la cual recurrir. Las Escrituras revelan las instrucciones de José:

> Haga esto Faraón, y ponga gobernadores sobre el país, y quinte la tierra de Egipto en los siete años de la abundancia. Y junten toda la provisión de estos buenos años que vienen, y recojan el trigo bajo la mano de Faraón para mantenimiento de las ciudades; y guárdenlo. Y esté aquella provisión en depósito para el país, para los siete años de hambre que habrá en la tierra de Egipto; y el país no perecerá de hambre (Génesis 41:34-36).

José aconsejó a Faraón que reservara y ahorrara durante los años de abundancia para que hubiera suficiente provisión para suplir las necesidades de todos durante los años de hambre. Este fue un gran consejo y dio resultado.

Amigo, no sabes cuándo te sobrevendrá un mes, un año o incluso una década de hambre. La depresión económica que experimentó Estados Unidos en los últimos años tomó a muchas personas desprevenidas. Esto se debe a que no habían aprendido y seguido el principio de vivir una vida de victoria financiera, que incluye ahorrar para el futuro.

Tanto diezmar como ahorrar debería ser una acción automática donde tú tomas de tus ingresos máximos sin cuestionar. Aunque tengas que empezar por ahorrar solo una pequeña cantidad, debes hacerlo. Debes empezar a desarrollar el hábito de ahorrar. Cultiva la virtud de decir que no a la gratificación instantánea y sí a la estabilidad constante.

De hecho, todos deberíamos no solo ahorrar para nosotros mismos, sino también enseñar a nuestros hijos a ahorrar. Si una persona joven ahorrara tan solo $100 por mes en una cuenta de ahorro desde los dieciocho años hasta que llegue a la edad de su retiro, y ganara un promedio de 6% de interés por su inversión, tendría mucho dinero para su usar en su retiro. Habría ahorrado más de un millón de dólares, si tan solo invirtiera $100 por mes.

Por otro lado, cuando los padres no son de ejemplo para los hijos de una perspectiva sana y bíblica sobre el ahorro, los hijos gastan, gastan y gastan, en vez de ahorrar, ahorrar y ahorrar. En términos prácticos, es de necios gastar todo lo que uno tiene y no dejar nada para el futuro.

¿Qué sucedería si un médico te dijera que vas a morir, pero que hay una intervención quirúrgica que podría salvarte la vida? Después te enteras de que tu seguro médico no cubre los costos de $5000 por la cirugía. ¿Buscarías la manera de conseguir ese dinero de alguna manera? Es muy probable que sí. Encontrarías la manera de juntar esos $5000 porque, de repente, ahorrar ese dinero se ha convertido en una prioridad para ti. Lo que quiero decir es que solemos conseguir las cosas que consideramos una prioridad en nuestra vida. Y, sin lugar a dudas, tu futuro debería ser una prioridad para ti.

Dios nos da una ilustración de una de las criaturas más pequeñas de la tierra, cuya sabiduría concerniente al ahorro es mucho más grande que la de la mayoría de nosotros. Él nos lleva a mirar a la hormiga. Leemos: "Ve a la hormiga, oh perezoso, mira sus caminos, y sé sabio; la cual no teniendo capitán, ni gobernador, ni señor, prepara en el verano su comida, y recoge en el tiempo de la siega su mantenimiento" (Proverbios 6:6-8).

La hormiga sabe cómo juntar y almacenar para más adelante y, sin embargo, hoy día, hay muchas personas con licenciaturas o incluso títulos superiores, que todavía no han aprendido este principio. Y después se preguntan por qué tienen tanto estrés a la hora de administrar las finanzas.

Muchas personas no ahorran dinero porque usan todo su presupuesto personal. No les sobra nada para ahorrar para más adelante, porque cada dólar que reciben ya tiene su destino. El pago mensual por la casa y el auto, la cuenta del supermercado y los gastos de entretenimiento, junto a los préstamos estudiantiles y otras obligaciones requieren el uso total de lo que ganan.

Sin embargo, hay algunos consejos prácticos que puedes usar para reducir tus gastos en un esfuerzo por ahorrar dinero. Aunque estos consejos no incluyen todas las ideas que pueden ayudarte a ahorrar, son lo que yo denomino mis "diez consejos principales". Si los pones en práctica te pueden ayudar a reducir tus gastos y a administrar tu dinero. Al mismo tiempo, poner en práctica estas ideas puede permitirte ahorrar:

1. Paga tus deudas, comenzando por la cuenta más pequeña. Sé que es más fácil decirlo que hacerlo pero, actualmente, mucho dinero se destina al pago de los intereses de las tarjetas de crédito, lo cual hace más difícil que la gente ahorre. Estas son algunas estrategias para pagar las deudas de las tarjetas de crédito:
   a) Habla primero con la compañía de tus tarjetas de crédito para pedirle si te puede reducir el interés si cierras la cuenta y haces un plan para pagar el saldo total.
   b) Otra manera es consolidar tus deudas de tarjetas de crédito en un solo préstamo con un interés más bajo. Los intereses de las tarjetas de crédito pueden llegar al 20 o 30%, y a menudo es posible conseguir un préstamo consolidado a fin de transferir tus deudas y hacer que tus pagos mensuales se apliquen a la deuda principal y no a los intereses. Una vez que consolidas tus deudas en una sola, cancela tus tarjetas de crédito o ten cuidado de no usarlas y acumular aún más deuda.
2. Reduce los gastos de entretenimiento. Especialmente, con la invención de maneras baratas o incluso gratis de ver programas de entretenimiento como Hulu.com, Netflix y otras compañías, no se necesita gastar mucho dinero por mes en grandes suscripciones a la TV por cable. Mucho de lo que quieres ver en estos días puede accederse por medio de

la Internet o planes de alquiler o subscripción más baratos.

Además, elige sabiamente a qué hora vas al cine. Si vas al cine a primera hora de la tarde, a menudo ofrecen las mismas películas por menos de la mitad de precio que la transmisión de la noche. No atentes contra tus ahorros con los precios exagerados de las palomitas de maíz o las bebidas. Come antes de ir para que no te sientas tentado a comprar.

3. Usa dinero en efectivo. Raras veces se ve actualmente a alguien que pague en efectivo, pero usar efectivo como el principal método de pago te permite conocer cuánto tienes disponible realmente. Una vez que haces un presupuesto (del cual hablaremos más en la sección siguiente), aparta la cantidad destinada a la comida, el combustible o cualquier otra cosa que planees comprar y resérvalo en efectivo para esas compras.

   Usar este método te ayudará a calcular mejor cuánto tienes para gastar y a no gastar más que tu presupuesto. Cuando no tengas más efectivo para el mes, no podrás gastar más. Con uno o dos meses que te quedes sin efectivo antes de tiempo, aprenderás a adquirir un buen hábito de gastos que no te permita quedarte sin efectivo en el futuro.

4. Paga tu auto o tu casa antes del tiempo estipulado. Puedes ahorrar una enorme cantidad de dinero si simplemente haces pagos adicionales

al préstamo de tu auto o tu vivienda, que será aplicado estrictamente al monto principal del préstamo. Una vez que tu auto o tu vivienda queden saldados, usa los fondos extra que ahorres e inviértelos en tu futuro.

5. Si necesitas comprar un auto, escógelo sabiamente. En este momento, los precios del combustible son terriblemente altos. Comprar un auto que consume poco combustible es una decisión óptima. Sin embargo, cualquier auto que conduzcas puede usar menos combustible si conduces bien. Usar el control automático mientras estás en las carreteras, así como acelerar lentamente y no rápidamente puede economizar el uso de combustible.
6. Coloca lamparitas de bajo consumo en toda tu casa. Se ha demostrado que reemplazar las lamparitas de alto consumo por lamparitas compactas fluorescentes puede disminuir tu cuenta de electricidad casi el 25%.
7. Cocina en casa y recalienta lo que te haya sobrado de una comida anterior. Los estadounidenses gastan casi más de un tercio de su presupuesto de comida anual en comer fuera de casa. Comer fuera con asiduidad no solo es una mala decisión por el tipo de alimentos procesados que tienes para elegir, sino que también es una mala decisión para tu bolsillo. Considera dedicar más tiempo a planificar tu lista de compras de comestibles e ir al supermercado (cuando no tienes hambre), cocinar

y también comer comida recalentada. Usa el dinero extra que ahorras en tu cuenta mensual de alimentos para tus ahorros o para pagar tus deudas.

8. Cancela las suscripciones a revistas o periódicos. Casi toda la información que necesitas conocer puede encontrarse ahora en la Internet. Incluso, la mayoría de las revistas pueden leerse en la Internet y, muchas veces, es gratis.
9. Compara precios para estar seguro de que tienes la póliza de seguro más baja para tu casa, tu auto, tu salud o para cualquier otro seguro que necesites. Las compañías de seguros son bastante competitivas y, a menudo, baten los precios de otras compañías, simplemente, para que los contrates. Presta la debida atención al comprar tus seguros y usa el dinero que te ahorres para invertir en tus reservas.
10. Baja de peso a la manera de Dios. Los estadounidenses gastan más de 40 mil millones por año en productos, aparatos, membresías o cirugías para perder peso. Es uno de los mayores negocios lucrativos en existencia. Y, sin embargo, no necesitaríamos perder peso si siguiéramos los principios bíblicos de cuidar de nuestro cuerpo como el templo del Espíritu Santo y no cediéramos a conductas como la gula, el comer en exceso y la glotonería.

Los ingredientes esenciales para perder peso normalmente son el dominio propio y la disciplina. Limita el consumo de carbohidratos simples y azúcar. A la vez, mantén una dieta equilibrada a base de carbohidratos complejos, proteínas y grasas, además de hacer ejercicio con regularidad. No te costará mucho y lograrás resultados seguros y permanentes.

Salir a caminar durante treinta minutos es gratis, y conducir hasta un parque cercano solo cuesta el combustible que consume tu auto, comparado con una membresía al gimnasio de tu localidad. Además, muchas personas compran un equipo de ejercicio para el hogar solo para no usarlo y luego tratan de venderlo a un precio muy reducido. Si quieres invertir en un equipo para hacer ejercicios en tu hogar, trata de comprar uno usado en vez de comprar uno nuevo.

LA VICTORIA FINANCIERA SE ALCANZA CON SABIDURÍA PARA LAS FINANZAS.

Hay diversas estrategias que puedes emplear a fin de reducir tus gastos en un esfuerzo por redirigir esos fondos, ya sea para pagar tus deudas o para ahorrar. Estas son solo algunas. Sin embargo, cualquiera que sea la estrategia que uses, comienza ahora el proceso de ahorrar. Aunque tan solo sea para ir acostumbrándote al concepto hasta que puedas ahorrar una fracción más grande de tus ingresos por mes, comienza ahora.

Como mínimo, deberías tratar de tener ahorrados en una cuenta de ahorro tres o cuatro meses el valor de los gastos que necesitas para vivir. A partir de ahí, el resto de los ahorros deberían destinarse a oportunidades de inversión o fondos de retiro. Dios te ha dado una manera de disfrutar las bendiciones materiales que provienen de Él; sin embargo, no se trata solo de seguir sus principios. La victoria financiera se alcanza con sabiduría para las finanzas. Hace que el temor de Dios sea tu prioridad máxima, porque lo honras con tu manera de usar el dinero y dar tus diezmos y ofrendas.

Paso 3: Gastar

El último aspecto en el que deberías enfocarte en referencia a tus finanzas es en cómo gastar. Una vez que le has dado a Dios tus diezmos y ofrendas y has usado una fracción de tu dinero para ahorros, lo que te queda es lo que puedes gastar.

Pero tampoco se trata de gastarlo en cualquier cosa. La Biblia también tiene principios relacionados con tus hábitos en los gastos. Lo primero que quiero mencionar brevemente es tu presupuesto. Necesitas un presupuesto porque, si no lo tienes, no podrás hacer rendir tu dinero. Y es muy probable que corras el riesgo de gastar más de lo que tienes. Proverbios nos dice: "Los pensamientos del diligente ciertamente tienden a la abundancia; mas todo el que se apresura alocadamente, de cierto va a la pobreza"

(Proverbios 21:5). A Dios le gusta la planificación. Él quiere bendecir tu plan.

También leemos en Proverbios: "Pon todo lo que hagas en manos del Señor, y tus planes tendrán éxito" (Proverbios 16:3 NTV). Estoy asombrado de la cantidad de familias que aconsejo, que no tienen un plan financiero. Cada familia cristiana debería tener un plan de cómo esperan gastar los recursos que Dios les ha dado. Si no hay un plan, tampoco hay nada para poner en las manos de Dios.

Si no tienes un plan financiero o un presupuesto para determinar el destino del dinero que recibes con cada sueldo, necesitas hacer uno ahora. Si ya tienes uno, asegúrate de que responda a los siguientes principios. Al practicar estos preceptos, vivirás en victoria financiera. No estoy diciendo que serás un millonario, sino que tendrás la capacidad de disfrutar y maximizar las bendiciones financieras y los recursos que Dios te ha dado.

Tu presupuesto debería estar enfocado primero en tus necesidades. Filipenses 4:19 dice que Dios suplirá todas tus necesidades según sus riquezas. No está diciendo que Él suplirá todo lo que desees. En 1 Timoteo 6:8, Pablo escribió que nuestras necesidades incluyen "sustento y abrigo" y que deberíamos estar "contentos con esto". No está diciendo que evites desear cosas, sino que evites o dejes de quejarte si tus necesidades están cubiertas. ¿Tienes un techo bajo el cual refugiarte? ¿Tienes ropa para vestirte? ¿Tienes el estómago lleno? Dios ha prometido suplir tus necesidades, y la primera parte de tu presupuesto debería estar destinado a estas cosas.

Antes de seguir adelante, déjame hacer una distinción entre las necesidades y los deseos. Muchas personas se confunden entre las dos cosas; sin embargo, son muy diferentes. Por ejemplo, necesitas un auto para ir al trabajo si no tienes acceso al transporte público. Pero puede que quieras tener un vehículo de lujo y alto valor, que no es una necesidad, sino un deseo. Necesitas una casa donde vivir que esté a tu alcance. Pero puede que quieras una casa de cinco habitaciones y tres baños o con varios acres de tierra. Pero ese es un deseo, no una necesidad.

Ten cuidado y precaución de no confundir tus deseos con tus necesidades. Piensa en cómo te está bendiciendo Dios. ¿Estás viviendo actualmente en un apartamento en vez de una casa? Entonces agradécele a Dios por ese lugar y porque Él te ha dado un lugar donde vivir. Una de las peores cosas que los padres detestan escuchar es a sus hijos quejarse, especialmente cuando están supliendo sus necesidades de tantas maneras.

Lo mismo le pasó a Dios cuando los israelitas estaban en el desierto. Aunque Él impidió que se les gastara el calzado, les mandó copos de maíz del cielo y les dio agua de una roca, se quejaron igual. Ellos querían carne y la clase de alimentos que acostumbraban comer cuando estaban en esclavitud. Dios los estaba llevando a la tierra prometida, que era una tierra de leche y miel. Pero, como no podían ver dónde Dios los estaba llevando, se quejaban y se lamentaban constantemente.

Examina tus pensamientos y comportamientos constantemente. Cada vez que te estés quejando en vez de estar agradecido, reconócelo y arrepiéntete. Además, ten cuidado de lo que pides. Puede que lo recibas como lo recibieron los israelitas cuando se quejaron porque solo tenían maná. Cuando le pidieron a Dios que les diera carne, Él les dio tanta carne que finalmente se hastiaron de comer carne.

Si cuentas con las cosas esenciales de la vida, debes agradecer y alabar a Dios porque hay muchas personas que ni siquiera tienen esas cosas. Infinidad de personas no tienen acceso a agua limpia y potable, al transporte y, a veces, ni siquiera a comida. Esas personas desearían estar en tu lugar. No hay nada que irrite más a Dios que las personas que no están agradecidas con lo que Él les ha dado. Comienza tu presupuesto con la planificación de tus necesidades, pero determina cuáles son esas necesidades con sentido común, sabiduría y dominio propio.

Después de cubrir tus necesidades, puedes incluir tus deseos en tu presupuesto. Tus deseos van más allá de tus necesidades y reflejan un nivel conocido como aspiraciones. Tú necesitas ropa, pero puede que desees ropa hecha a medida o de diseñadores. Necesitas alimentos; sin embargo, puede que desees comer un filete de buey y papas asadas, en vez de comer cerdo y frijoles. Si después de diezmar, ofrendar, ahorrar y cubrir tus necesidades, estás en condiciones de satisfacer algunos de tus deseos en tu presupuesto, planifica cómo comprar esas cosas sin endeudarte para obtenerlas.

Sin embargo, antes que tomes la decisión de hacer tu próxima compra, me gustaría pedirte que hicieras algo. De hecho, si tienes una familia, llévate a toda tu familia contigo. Vayan al depósito de chatarra más cercano y recórranlo.

Asegúrate de pensar primero en lo que necesitas y no en lo que deseas, o podrías terminar sin las cosas que necesitas por culpa de tus deseos.

¿Sabes qué verás? Verás los vestigios de las cosas que son importantes para la mayoría de la gente. Verás autos que las personas usaron para ufanarse o pasarse todas las tardes del sábado sacándole brillo Veras muñecas sin brazos, que una vez fueron un juguete deseable en la mañana de una Navidad. Verás las herramientas que otros usaron, ahora convertidas en chatarra. Encontrarás cosas que las personas buscaron con todo su corazón que no tienen ningún valor eterno.

Lo que quiero decir es que una visita al depósito de chatarra puede darte una perspectiva aguda y podría ayudarte a tomar decisiones más sabias a la hora de comprar cosas en tu vida.

Asegúrate de pensar primero en lo que necesitas

y no en lo que deseas, o podrías terminar sin las cosas que necesitas por culpa de tus deseos. Y no dejes de incluir en tu presupuesto una parte para ayudar a otros. El mandamiento más grande es amar a Dios con todo tu corazón (Mateo 22:37). El segundo mandamiento más grande implica amar al prójimo (Mateo 22:39). De cualquier manera, si Dios te ha bendecido con prosperidad financiera, es para que Él pueda usarla para que seas de bendición a otros también.

Recuerda que la definición de una bendición es poder disfrutar y extender a otros el favor de Dios en tu vida. Si todo se queda en ti, no es una bendición. Dios te bendice para que puedas ser de bendición. Haz un plan para bendecir. Incluye en tu presupuesto la manera de ayudar a otros. Te sorprenderás de lo bien que te sentirás cuando ayudes a alguien necesitado. Leemos:

> En todo os he enseñado que, trabajando así, se debe ayudar a los necesitados, y recordar las palabras del Señor Jesús, que dijo: Más bienaventurado es dar que recibir (Hechos 20:35).

Si usas los recursos que Dios te ha dado e inviertes en otros, Él te bendecirá. Es una garantía. Da tus diezmos y ofrendas, ahorra y aprende a estar contento con lo que tienes. Usa tu dinero sabiamente, prepara un presupuesto con base en tus ingresos y podrás alcanzar la victoria financiera.

Sin embargo, si estás enfrentando una situación

de endeudamiento cada vez mayor, pon en práctica la estrategia que mencioné anteriormente. Recuerda pagar por completo la deuda más pequeña de tus tarjetas de crédito primero. Te recomiendo también que cortes en pedazos tus tarjetas de crédito para no sentirte tentado a usarlas otra vez hasta que no tengas una vida estable y seas sabio con tus finanzas. Cuando pagues la más pequeña de tus cuentas, toma el dinero que estabas usando para pagar esa cuenta y súmalo al pago de la próxima cuenta más pequeña que tengas y sáldala. Continúa este mismo ciclo hasta pagar todas tus deudas.

Otra posibilidad es vender algunas de tus posesiones para ayudar a pagar tus deudas. No hay nada de malo con tener cosas, hasta que no te alcanza para pagar tus cuentas y el dinero que Dios te ha dado está destinado a los intereses de tus deudas acumuladas. Ese es el momento de ver qué puedes vender para poder pagar lo que debes.

Esmérate fiel y diligentemente, Dios estará contigo en cada paso que des. El escritor de Hebreos nos recuerda: "Sean vuestras costumbres sin avaricia, contentos con lo que tenéis ahora; porque él dijo: No te desampararé, ni te dejaré" (Hebreos 13:5).

Ejemplo bíblico de alguien que salió de las deudas

En 2 Reyes encontramos el ejemplo bíblico de una mujer endeudada. Su esposo había muerto y las autoridades estaban por llevar a sus hijos a la prisión a causa de sus deudas. Ella no encontraba la solución a su problema. Como madre viuda, tenía que tratar constantemente con los acreedores que llamaban a su puerta. A los acreedores no les importaba que ella estuviera sola y que no tuviera manera de devolverles su dinero. Todo lo que sabían era que no estaba pagando sus cuentas.

Desesperada, la mujer buscó ayuda spiritual y fue a ver al profeta. Dios honró el corazón de esta mujer que buscó una solución espiritual para sus problemas financieros. El profeta le dijo que fuera a ver a sus vecinos y les pidiera que le dieran todas las vasijas vacías que tenían en su casa. Le dijo que tomara todas las vasijas que sus vecinos le dieran, que cerrara la puerta y que luego las llenara con aceite.

El problema era que esta mujer solo tenía una pequeña cantidad de aceite para llenar las vasijas. Bien podría haberle dicho al profeta que su solución no tenía sentido. Pero, en cambio, tuvo fe, confió en Dios e hizo lo que el profeta le dijo. Después de juntar vasijas vacías, la mujer viuda fue a su casa y empezó a llenar las vasijas con el único envase de aceite que tenía.

Cuando empezó a llenar las vasijas, vio que el aceite no se acababa. Solo tenía una pequeña cantidad de aceite pero, cuando ella respondió en fe, Dios tomó lo poco que ella tenía y lo multiplicó. Leemos que la mujer dijo a su hijo: "Tráeme aún otras vasijas. Y él dijo: No hay más vasijas. Entonces cesó el aceite. Vino ella luego, y lo contó al varón de Dios, el cual dijo: Ve y vende el aceite, y paga a tus acreedores; y tú y tus hijos vivid de lo que quede" (2 Reyes 4:6-7).

El profeta le había dado a la mujer el secreto de su prosperidad financiera. Ella no lo hubiera sabido si no lo hubiera ido a ver y no hubiera seguido sus instrucciones. A nadie se le hubiera ocurrido esa manera aparentemente imposible para que ella pagara sus deudas, excepto al profeta de Dios que sabía que le daría resultado.

Amigo, Dios tiene un plan para ti. Si en este momento estás luchando con tus deudas, aparta un tiempo y haz el esfuerzo de buscar a Dios. Él tiene un plan para que alcances la victoria financiera. No puedo decirte los detalles exactos de ese plan, porque sus caminos y sus pensamientos son más altos que los nuestros.

Sin embargo, lo que puedo decirte es que, si pones a Dios y sus principios en primer lugar en tu vida, Él te mostrará su plan para ti. Él te dará una idea que nunca se te había ocurrido o te mostrará conceptos que te muestren cómo cambiar tus pérdidas financieras en ganancias financieras.

Dios tiene la manera de cancelar tus deudas y transformar la situación en la que te encuentras. Pero tienes que buscar primero a Dios y, entonces, descubrirás su plan para ti. Sigue la dirección de Dios, como aconseja sabiamente Mateo 6:33: "Mas buscad primeramente el reino de Dios y su justicia, y todas estas cosas os serán añadidas".

Es una promesa; una promesa que puedes tomar al pie de la letra.

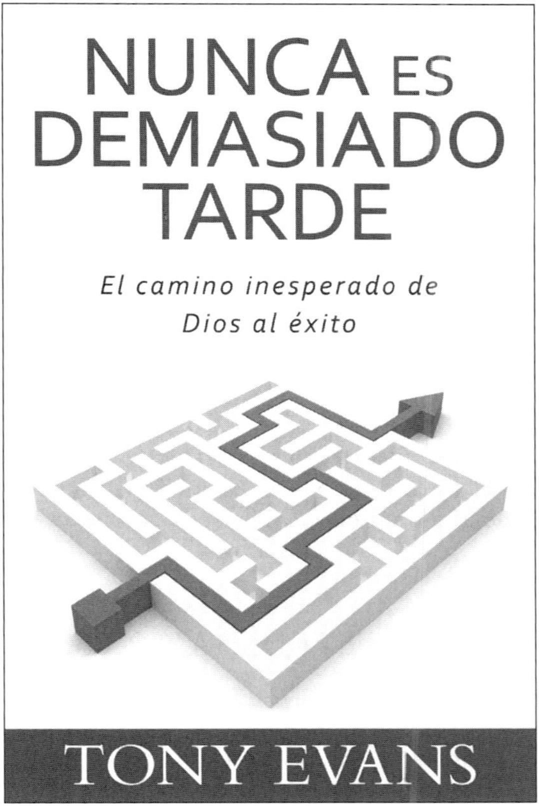

Dr. Tony Evans utiliza personajes bíblicos importantes, cuyas acciones no fueron conformes al carácter de Dios, para ilustrar la verdad de que Dios se deleita en usar a las personas imperfectas que han fallado, pecado, o simplemente fracasado.

Los lectores se sentirán alentados acerca de su propio caminar con Dios al entender que Él los está encaminando hacia el éxito, a pesar de las muchas imperfecciones que tienen y los errores que cometen.

ISBN: 978-0-8254-1946-1

EDITORIAL
PORTAVOZ

NUESTRA VISIÓN

Maximizar el efecto de recursos cristianos de calidad que transforman vidas.

NUESTRA MISIÓN

Desarrollar y distribuir productos de calidad —con integridad y excelencia—, desde una perspectiva bíblica y confiable, que animen a las personas a conocer y servir a Jesucristo.

NUESTROS VALORES

Nuestros valores se encuentran fundamentados en la Biblia, fuente de toda verdad para hoy y para siempre. Nosotros ponemos en práctica estas verdades bíblicas como fundamento para las decisiones, normas y productos de nuestra compañía.

Valoramos la excelencia y la calidad
Valoramos la integridad y la confianza
Valoramos el mérito y la dignidad de los individuos y las relaciones
Valoramos el servicio
Valoramos la administración de los recursos